Gott, wo bist du?

Eugen Drewermann/Martin Freytag

Gott, wo bist du?

Eugen Drewermann antwortet jungen Menschen

Patmos Verlag

VERLAGSGRUPPE PATMOS

PATMOS
ESCHBACH
GRÜNEWALD
THORBECKE
SCHWABEN
VER SACRUM

Die Verlagsgruppe
mit Sinn für das Leben

Die Verlagsgruppe Patmos ist sich ihrer Verantwortung gegenüber unserer Umwelt bewusst. Wir folgen dem Prinzip der Nachhaltigkeit und streben den Einklang von wirtschaftlicher Entwicklung, sozialer Sicherheit und Erhaltung unserer natürlichen Lebensgrundlagen an. Näheres zur Nachhaltigkeitsstrategie der Verlagsgruppe Patmos auf unserer Website www.verlagsgruppe-patmos.de/nachhaltig-gut-leben

Umschlaggestaltung: Finken & Bumiller, Stuttgart
Umschlagabbildung: Meister von Boi, Steinigung des heiligen Stephanus von Boi (Detail), um 1100. Romanisches Fresko auf Leinwand übertragen. Aus der Pfarrkirche von San Joan de Boi, Katalonien, Spanien. Nationales Kunstmuseum von Katalonien, Barcelona

Gestaltung, Satz und Repro: Schwabenverlag AG, Ostfildern
Druck: CPI books GmbH, Leck
Hergestellt in Deutschland
978-3-8436-1210-4 (Print)

Inhalt

Ein Wort zuvor

Wächter, wie lange noch dauert die Nacht?
Jes 21,11

Im Mittelpunkt jeder Religion steht die Frage nach Gott oder dem Göttlichen.
Sie ist das Herzstück jeder Theologie, gerade auch jener der jüdisch-christlichen Tradition.
In einer Zeit, in der die Menschen den christlichen Kirchen in Scharen davonlaufen, ist die Frage nach Gott jenseits erstarrter Strukturen und der Hohlheit bürgerlicher Religion umso dringlicher.
Sie steht auch im Zentrum der Theologie und der tiefen Sorge um die Seele der Menschen bei Eugen Drewermann. Seit über 50 Jahren ist der achtzigjährige Theologe, Psychotherapeut, spirituelle Seelsorger und Schriftsteller aus Paderborn dem Geheimnis Gottes in immer neuen Anläufen auf der Spur.

Der vorliegende Interview-Band ist wie sein Vorläufer (Das Geheimnis des Jesus von Nazareth. Eugen Drewermann antwortet jungen Menschen, Patmos Verlag 2018) aus der freundschaftlichen Verbundenheit Eugen Drewermanns mit dem Gymnasium Remigianum im münsterländischen Borken entstanden.
Die Fragen dazu, wer und was denn gemeint sein könnte, wenn im Raum der (christlichen) Religion von Gott geredet wird, stammen aus dem Religionsunterricht der Oberstufe. Sie wurden lediglich systematisiert, teilweise konkretisiert, sprachlich geglättet und im Kontext der Eigendynamik des Interviews mit Eugen Drewermann thematisch erweitert.
Beantwortet hat er die Fragen der Schülerinnen und Schüler an zwei Sommertagen 2019 in Koblenz.
So versteht sich das Buch im besten Sinn des Wortes als Einladung, buchstäblich über Gott und die Welt ins Gespräch zu kommen und miteinander über die Beziehung zwischen Gott und den Menschen nachzudenken. Es richtet sich also an alle, die Sehnsucht nach Sinn

und Erfüllung in sich tragen und die – noch immer, gerade jetzt – von der Notwendigkeit von Religion nicht lassen wollen.

Das Buch eignet sich also für den Einsatz im Religionsunterricht der Oberstufe.

Auch wendet es sich natürlich an alle Interessierten, an Gläubige, Suchende, Skeptikerinnen, Atheisten, die sich in allen Unterschieden verbunden fühlen im oftmals so bedrängenden, ratlos machenden Unterwegssein in dieser Zeit.

Sehr herzlich danke ich meinen Schülerinnen und Schülern des Abiturjahrgangs 2020 für ihr engagiertes Sicheinlassen auf die Frage nach Gott, für ihren Mut, Fragen ganz offen zu stellen und sich auf viele Gespräche einzulassen. Ich habe selbst viel dabei gelernt.

Einmal mehr danke ich Eugen Drewermann sehr herzlich für seine Bereitschaft zu diesem Projekt.

Wir sind uns in den letzten Jahren immer wieder an verschiedenen Orten begegnet: in Borken, Münster, Paderborn, Koblenz. Die Freundschaft mit Eugen Drewermann erfüllt mich mit tiefer Dankbarkeit. Ich weiß, er möchte, hierin die tiefe Skepsis Sören Kierkegaards teilend, kein Lehrer sein, weil einzig das Christentum eben nicht als Lehre, sondern nur als Existenzmitteilung richtig verstanden und gelebt werden kann. Und doch ist er (m)ein Lehrer, in seiner menschlichen und väterlichen Güte, seiner literarischen Meisterschaft und seiner theologischen Redlichkeit und Unbestechlichkeit.

Die Begegnungen und Gespräche mit ihm werden mir unvergesslich bleiben.

Ich schreibe diese Zeilen am Beginn des Advents 2020, inmitten der großen Pandemie, welche die Welt nun fast ein Jahr lang in zusätzlich unruhigem Atem hält und Leben, Existenzen, Gewissheiten radikal in Frage stellt und nicht selten auch zerstört.

In alldem tönt die Frage, die Sehnsucht nach Gott geradezu wie ein Schrei aus der Tiefe, wie ein Sichausstrecken aus der Finsternis der Nacht nach den tröstenden Farben und der unbedingt liebenden, gütigen Wärme Gottes, den Jesus von Nazaret zu den Menschen bringen wollte.

Denn das scheint der Kern von allem: Je verlassener, heimatloser, verlorener wir Menschen uns wähnen, desto näher und innerlicher möchte Gott uns sein:

„Ich lege mein Gesetz in die Menschen hinein und schreibe es auf ihr Herz" (Jeremia 31,31).

Münster, am ersten Advent 2020
Martin Freytag

KAPITEL 1

Biografische Annäherungen

MARTIN FREYTAG: Herr Drewermann, Ihre ersten Berührungen mit der Frage nach Gott: Haben Sie bezüglich dieser Frage irgendwelche nachhaltigen Erinnerungen an Ihre Kindheit und Jugend?

EUGEN DREWERMANN: Es gibt ein Gebet, welches ich seit Kindertagen in mir trage. Es hat mein Bild von Gott sowie die Beziehung zu ihm stark geprägt. Es ist ein Kindergebet, wie es damals viele gelernt haben: „Wo ich stehe, wo ich gehe, bist Du, lieber Gott, bei mir. Wenn ich Dich auch niemals sehe, weiß ich dennoch, Du bist hier." Es ist ein Gefühl, umfangen zu sein, geborgen zu sein, begleitet zu sein, und das nicht in der Ferne, sondern im Augenblick, jetzt, in jedem Moment. Für mich ist daraus der Inhalt aller Religion geworden. Und wenn ich Theologie betreibe, Vorlesungen halte, von Gott spreche, dann geschieht das vor diesem Hintergrund.

Ich glaube, eine große Irritation im Religionsunterricht bei den Schülern und bei den Leuten, die in der Kirche die Predigten hören, nicht zuletzt auch in den theologischen Vorlesungen, ergibt sich daraus, dass man so tut, als ob man von Gott reden könnte wie von einem Küchengerät oder wie von einem Einhorn oder Kraken, als sei Gott irgendetwas Seltsames, Objektives, Ferngerücktes, über das wir nicht so gut Bescheid wissen können, das uns an sich aber zugänglich ist, könnten wir es theologisch nur richtig erklären.

Die Wahrheit ist, dass wir überhaupt nicht über Gott reden können, ohne dabei über uns selbst zu sprechen. Glauben besteht nicht darin, dass wir draußen, außerhalb von uns, etwas feststellen, für möglich halten oder als gewiss betrachten; Glauben ist zuallererst eine Form, unser Selbstverständnis auszulegen, unsere persönliche Stellung zur Welt zu interpretieren. Es macht einen entscheidenden Unterschied aus, je nachdem, was sich in uns bewegt, ob wir glauben oder eben nicht glauben. Es gibt keine Rede von Gott, ohne dass sie existenziell bezogen ist. Und es liegt ein Grundfehler in der kirchlichen Verkündigung, in der Theologenausbildung und auch oft im Unterrichtsgeschehen in der Schule, dass wir uns weit von der Existenz entfernen und über Gott reden wie von etwas an und für sich Wissbarem, was es geben könnte oder auch nicht, was uns aber nicht unmittelbar berühren würde.

Was wir dringend brauchen, ist deshalb eine Perspektivenänderung. Wir reden nicht von Gott her zu den Menschen, sondern umgekehrt: Alles Sprechen von Gott ist von uns her auf Gott hin gerichtet. Inbegriffen ist darinnen all das, was in unseren Gefühlen und Sehnsüchten an Suche nach Halt und Orientierung, an tragendem Grund, an Sinninhalt und Wertbedeutung gemeint ist oder angesprochen wird.

Carl Gustav Jung hat einmal eine einfache Definition von Gott zu geben versucht. Die Frage ist ja, was wir überhaupt meinen, wenn wir von Gott reden. Die Vorstellungen sind gerade an dieser Stelle sehr unterschiedlich. Der Streit zwischen den Religionen und den Theologen innerhalb einer Religion geht ins Unendliche. Jeder spricht hier dem anderen sogar mit Vorliebe die Wahrheit ab. Also bräuchten wir einen nicht theoretisch-strittigen, sondern empirischen Begriff von Gott. Carl Gustav Jung meinte deshalb, wir sollten Gott als den Konzentrationspunkt aller psychischen Energie bezeichnen, also als das, was wir im Kern als wesentlich begreifen – das, was uns umtreibt, das, was in unserem Herzen am meisten Resonanz auslöst. Das sollten wir als Gott bezeichnen.

Wenn wir von diesem Verständnis ausgehen, dann kommen wir zu ganz erstaunlichen Ergebnissen. Viele Menschen verstehen sich heute als Atheisten; sie erklären Ihnen ins Gesicht: „Ich glaube an gar nichts!" Am Ende aber sind das dieselben Leute, die letztlich eine ganze Menge Werte verteidigen, vertreten und dafür kämpfen und sehr viel an psychischer Energie dafür aufwenden. Zweifellos weil sie „Glaubende" sind. Nur: An was glauben sie? Wofür lohnt es sich, alles einzusetzen?

KAPITEL 2

Ich, der um den Glauben ringende Mensch

MARTIN FREYTAG: Herr Drewermann, der erste Artikel des christlichen Glaubensbekenntnisses lautet: „Ich glaube an Gott, den Vater, den Allmächtigen, den Schöpfer des Himmels und der Erde." Schon an diesem Satz ist heute eigentlich nichts mehr selbstverständlich. Was bedeutet denn Glauben? Und wer ist das denn, dieses Ich, mit dem ein Mensch sich selbst bezeichnet? Sind sich nicht viele Menschen selber ein nahezu unentwirrbares Rätsel? Und wer oder was ist mit Gott gemeint? Was bedeutet Vater in Bezug auf Gott? Ist Gott allmächtig? Und was ist gemeint, wenn von Gott als Schöpfer des Himmels und der Erde gesprochen wird? – Beginnen wir also mit den ersten zwei Worten: Ich glaube. Die erste Frage geht noch vor aller Religion und Theologie an Sie als Psychoanalytiker und Psychotherapeuten: Ich, was bedeutet das eigentlich? Das heißt, wie gewiss kann ein Mensch sich seiner selbst eigentlich sein?

EUGEN DREWERMANN: Ehe wir zu der Frage nach dem Ich kommen, eine Feststellung vorweg. Ein Hauptproblem der Theologie liegt darin, dass sie zwischen Gott und Mensch die gesamte Natur als Brücke spannt, um von uns, dem Endlichen, ins Unendliche aufzusteigen. Die Wahrheit des Religiösen ist in Ihrer Frage viel unmittelbarer enthalten. Wir suchen unseretwegen, nicht zunächst zur Erklärung der Welt, nach Gott. Die Natur hat keine Religion. Gott selbst braucht keine Religion. Aber wir Menschen haben und brauchen unbedingt Religion. Und diese Beziehung, diese *religio*, ganz wörtlich, zwischen Gott und Mensch ergibt sich aus der Art, wie wir als Menschen uns haltlos inmitten der Natur bewegen. Indem wir unsere Endlichkeit begreifen, wird uns zugleich deutlich, wie wir inmitten der Natur als nicht notwendig auftauchen. Wir stammen aus der Natur. Wir bestehen aus Stoffen, die in der Natur vorkommen. Es gibt eine Menge Gründe, die zeigen, warum wir existieren. Doch all diese Zusammenhänge machen im Grunde nur die Einsamkeit und vor allem die Nicht-Notwendigkeit, die Überflüssigkeit unseres Daseins inmitten der Natur deutlich. Keine Naturwissenschaft hat irgendeinen Grund zu zeigen, warum es uns Menschen geben sollte, geschweige denn, warum es einen einzelnen Menschen geben sollte. Vor dem Hintergrund der Naturkausalität sind wir ein Spiel des Zufalls, philosophisch ausgedrückt: Unsere Existenz ist radikal kontingent, es gibt keinen hinreichenden Grund, weswegen wir sein sollten. Genau danach aber suchen wir. Und dann verkompliziert sich die Theologie auf eine Art, die sie den Menschen unverständlich macht. Sie tut so, als wenn wir das Wirken Gottes in der Natur beobachten und als Bestätigung und Versicherung, als Antwort auf die Frage der radikalen Kontingenz in unserem Dasein verstehen könnten.

Das naturwissenschaftliche Weltbild und Gott als der Allmächtige

Eine solche Annahme aber steht im Widerspruch zu dem, was die Naturwissenschaften uns heute lehren. Wir sehen nicht das Wirken einer planenden Ursache, die im Verlauf von Jahrmillionen und Jahrmilliarden zielgenau die Entwicklung just auf uns Menschen hingesteuert hätte. Ihre Schüler mit 14 Jahren im Biologieunterricht lernen genau das Gegenteil: Die Evolution ist an jeder Stelle offen, sie experimentiert. Sie bringt etwas hervor, aber sie steuert es nicht als ihr Ziel an. Sie ermöglicht es aus einem Gefüge von komplexen Ursachen, doch sie denkt nicht, sie plant nicht, sie überlegt nicht, sie hat keine Gefühle, sie hat kein Mitleid. Wir als Menschen, als eine eigene Lebensform unter so vielen anderen, sind ihr vollkommen egal. Ob es uns gibt oder nicht, ist für die Natur eine sinnlose Frage. Sie spielt mit uns entlang dem ersten Hauptsatz der Thermodynamik, dem Energieerhaltungssatz. Es gibt uns als Lebewesen durch die Konzentration eines hohen Energiedurchflusses fernab vom thermodynamischen Gleichgewicht, würden die Thermodynamiker und die Biologen sagen. Sterben bedeutet dementsprechend, dass dieser Durchfluss gehemmt wird und zum Erliegen kommt. Dann löst sich alles wieder auf, und mit dem Energiekonzentrat, das unser Körper war, wird die Natur von Neuem andere Zusammensetzungen ausprobieren, indem sie alles zerlegt und neu synthetisiert. Das war dann das, was wir Leben nennen. Mit dieser simplen Auskunft der Natur kann aber niemand leben.

Wenn nun die Theologen kommen und so tun, als wenn dieses naturwissenschaftliche Weltbild sich durch den Allmachtsgedanken Gottes verbessern ließe, geraten sie in Widersprüche. Die gleichen Schüler, die eben noch den Darwinismus im Biologieunterricht gelernt haben, sollen in Religion jetzt hören, dass alles ganz anders ist – dass hinter der Grausamkeit der Natur, dem blinden Spiel aus Zufall und Notwendigkeit eine gütige, planvolle, weise Lenkung stünde. Dieser Annahme steht alles entgegen, was wir in der Tatsächlichkeit der Welterfahrung zu sehen bekommen. Dramatisch wichtig wird es deshalb, die existenzielle Unmittelbarkeit der Gottesfrage wieder in den Vordergrund zu rücken und den Glauben an Gott auf das menschliche Dasein zu beziehen, Glauben also zu verstehen als ein Ausgreifen auf den notwendigen Halt, den wir brauchen, um in dieser Welt behütet, beschützt und ohne ein Übermaß an Angst leben zu können.

Wenn wir dann sagen, wir glauben Gott als den Allmächtigen, geraten wir sofort wieder in die nächste Paradoxie. Es klingt so, als wenn Gott an jeder Stelle, einfach weil er allmächtig ist, mit seiner Natur, die er geschaffen hat, machen könnte, was er will. So hat zum Beispiel Papst Benedikt XVI. im dritten Band seiner Jesusdarstellung das Dogma der jungfräulichen Geburt Jesu verteidigt mit der Erklärung, wer die Geschichte von der Empfängnis Mariens nur als ein Symbol betrachte, bezweifle, dass Gott mit seiner Macht in die Natur eingreifen könne, er bestreite Gottes Allmacht, er glaube also nicht wirklich an Gott. Die Menschen so zu lehren, sei eine Anleitung zum Unglauben, nicht mehr zum Glauben. – Es werden auf diese Weise Fakten konstatiert und als möglich behauptet, es werden Wunder dekretiert, die mit keinem rational vertretbaren Weltbild mehr im Raum der Naturwissenschaften übereinstimmen können. Und dieser geistige Bruch passiert in jeder Schule, spätestens sobald die Schüler anfangen zu denken, mit allen Folgen: Es passt das Weltbild einer Religion, die sich so vermittelt, nicht mehr zu dem Weltbild der Naturwissenschaften, die im Grunde die Hauptfächer der Schüler besetzen – die MINT-Fächer; das sind diejenigen, die in unserer Gesellschaft am meisten gefördert werden zur Erhaltung des Industriestandortes Deutschland im globalen Konkurrenzvergleich. Religion erscheint da wie etwas Überflüssiges.

Umso wichtiger ist es, unter diesen Umständen zu betonen, dass alle Naturwissenschaft außerstande ist, die Grundfrage des menschlichen Daseins zu beantworten. Religion ist nicht ein Sonderwissen um die Naturzusammenhänge, sie ist die Grundlage von allem bei der Frage: Weswegen bin ich überhaupt? Weswegen lohnt es sich, dass ich etwas lerne? Welche Rolle spiele ich im Umkreis der anderen? Was ist mit mir gemeint? Wer bin ich selber?

Dann fragen Sie mit Recht, was ist denn dieses Ich? Das lässt sich psychologisch, philosophisch, religiös recht gut zeigen. Ein Ich kommt überhaupt nur zustande, indem es ein Du gibt, das mit uns selbst redet. Jeder fühlt sich zum Beispiel angesprochen mit seinem Vornamen, mit dem Nennwort, das ihm gegeben wird, kaum dass er auf der Welt ist. Und dieser Name bedeutet, dass er gemeint ist, dass andere ihn ansprechen als ein Du. Einzig diese Erfahrung führt dahin, dass wir in der Anrede der anderen zu uns selber heranreifen, dass wir eine eigene Sprache finden, dass wir selber von uns zu reden beginnen und uns, in Korrespondenz zu dieser Anrede, als Ich empfinden und uns als Individuen entdecken. Alles, was in der Religion liegt mit ihrer Versicherung, gemeint zu sein, gemocht zu sein, berechtigt zu sein, baut sich auf in diesem Umkreis.

Sprache und Bewusstsein, Religion und Endlichkeit

Wir müssten an dieser Stelle überhaupt hinzufügen, dass das Entdecken der Religion, das wir eben verbunden haben mit der Problemstellung der Kontingenz und des Todes, zugleich einhergeht mit dem Erwachen der Sprache. Wir trauen spätestens dem Homo sapiens zu, dass er reden konnte. Das bedeutet, dass er im Gespräch miteinander zwischen Ich und Du kommuniziert. Es bedeutet gleichermaßen, dass er mit der gesamten Umgebung in ein Gespräch eintritt und zu unterscheiden beginnt zwischen dem, was personhaft und was nicht personhaft ist, also womit man umgeht als mit einem Subjekt, das im Gespräch als ein solches erscheint, und als mit einem Objekt, das genau das nicht vermag. Es ist gewiss möglich, dass man sogar einen Stein oder einen Baum als ein seelenbegabtes Wesen auffasst, wie es in der Mythologie geschieht. Aber das geht nur, wenn man den Bäumen oder den Steinen zutraut, dass sie reden könnten. Damit aber sind wir dabei, eine Sprache zu entwickeln, die in sich selber symbolisch ist. Wenn man begreift, dass Steine eigentlich naturhaft gar nicht reden können, aber wir in ihnen Bilder sehen, mit denen wir zu reden beginnen, sind wir dabei, die Wirklichkeit symbolisch zu erfassen.

Wir errichten zum Beispiel auf dem Grab eines Geliebten einen Grabstein, und der Stein möchte uns sagen, es gibt etwas Unsterbliches, Unvergängliches, Unzerstörbares; der Zerfall des Körpers des Geliebten ist nur der Augenschein. Eine solche Wirklichkeit bildet der Stein ab. – Die altägyptische Religion hat das begriffen. „Stein und Sein" hat Jan Assmann diese Art von Religiosität einmal in der Überschrift eines seiner Bücher genannt. Symbolisch zu denken und damit eine Brücke zu schaffen zu den Fragen, die wir als endliche Wesen in dieser Welt haben, zum Unendlichen: Das ist die wirkliche Grundlage des Religiösen, nicht aber eine vertane Theologie, die sich Gott immer wieder vorstellt als einen unbegrenzt Wirkenden in einer begrenzten Natur.

So in etwa hat man im Barock noch geglaubt, und es ist fast aberwitzig, wie es uns heute im Rückblick erscheint. Man fragte sich, wie zweckmäßig doch Gott alles eingerichtet hat. Warum etwa hat er den Ziegen zum Beispiel Hörner gegeben? Antwort: Weil ihre Hörner so günstig sind, um als Griffe an Spazierstöcken zu taugen. Alles ist vorbedacht zum Nutzen des Menschen. Im Grunde drehte sich in dieser Weltsicht in der ganzen Natur alles nur um den Menschen und um seinen Egoismus, wie er die Gegebenheiten in der Welt am besten ausbeuten kann. Und so soll Gott die gesamte Schöpfung zweckmäßig auf den Menschen hin konzipiert haben.

Eine solche Vorstellung ist wirklich nur denkbar, wenn wir bloß einen ganz winzigen Ausschnitt der Wirklichkeit zur Kenntnis nehmen. Dann ist die Erde tatsächlich am allerbesten eine Scheibe; sie besteht nur seit ein paar Hundert oder ein paar Tausend Jahren; und im Mittelpunkt all des Geschehens auf ihr stehen wir selbst, die Menschen.

Dieses ganze Weltbild ist ins Ungeheuerliche zerstoben und aufgerissen worden im 20. Jahrhundert. Noch Albert Einstein konnte glauben, um 1915, als er die allgemeine Relativitätstheorie aufstellte, dass es nur unsere Milchstraße gebe. Das schien Einstein sogar evident zu sein. Und diese Weltsicht dauerte bis in die Zwanzigerjahre, als man merkte, es gibt neben der unseren noch andere Milchstraßen, und sie entfernen sich voneinander. Bereits Immanuel Kant (1724–1804) glaubte, dass die Welteninseln solche Milchstraßen seien. Das war ihm damals nicht beweisbar. Seit den Zwanzigerjahren des 20. Jhs. aber, seit Edwin Hubble (1889–1953), ist uns das beweisbar. Und wir wissen, dass es hundert Milliarden Sterne in unserer Milchstraße gibt. Und dass es zweihundert Milliarden Milchstraßen in unserem Universum gibt. Und wir denken vielleicht, dass es sogar Multiversen gibt, unbekannt, wie viele. Es wird mit dem Fortschritt der Astrophysik immer größer, die Welt immer weiter. Und wir Menschen immer kleiner. Dadurch kann der Hintergrund von der Allwirklichkeit eines Schöpfers auch nur umso größer sein. Aber es vermittelt sich nicht mehr durch das gigantische Geschehen im Kosmos, es erklärt sich nicht naturwissenschaftlich.

Was wir brauchen, ist sehr individuell, sehr persönlich, sehr intim, sehr gefühlsnah: einen Trost, einen Halt, eine Begleitung für unser winzig kleines Leben. Einzig das ist der Grund, von Gott zu sprechen als von unserem Vater, als von einer gütigen Macht, die möchte, dass wir sind, als von jemandem, der von Ewigkeit her mit uns redet. – Im Neuen Testament ist das einmal sehr schön ausgesprochen. Die Jünger sagen Jesus: „Zeige uns den Vater. Zeige uns Gott als Vater." Und Jesus sagt: „Wer mich glaubt, glaubt den Vater. Wer mich sieht, sieht den Vater" (Johannes 8,19; 14,8–9). Und er will sagen: Eigentlich nur in der Begegnung zwischen Ich und Du, in der liebenden Menschlichkeit öffnet sich das Geheimnis, das Gott selber ist.

Konkret: Wir reden jetzt miteinander, aber wir können das nur, weil wir Angeredete sind von Anfang her. Der erste Satz im Johannesevangelium lautet so: Im Anfang – nicht zeitlich, sondern im Ursprung, im Wesensuntergrund von allem – steht die Tatsache, dass Gott mit uns redet (Joh 1,1). Wenn wir das ganz persönlich intensiv erfahren und uns davon getragen fühlen, dann lässt es sich erweitern und wir können denken: Gott redet symbolisch auch in all dem, was uns sonst umgibt – im Mond, in den Sternen, im Kommen und Gehen von Ebbe und Flut, in den Bewegungen des Jahresumkreises, in den Bäumen und in den Steinen, in der Schönheit der Blumen; in allem, was uns umgibt, redet Gott symbolisch; da erfahren wir Gott nicht gegenständlich, nicht beweisbar als eine Macht, die wir gegenständlich definieren könnten. Was wir erhalten, sind Chiffren, Hinweise, die einen Glauben verbildlichen, den wir als ein natürliches Bedürfnis bereits mitbringen.

Dieser Glaube an Gott als unseren Vater rechtfertigt sich, wie gesagt, nicht durch den Blick in die Natur, sondern umgekehrt. Wenn wir den Glauben an Gott mitbringen und schauen in die Natur, finden wir bildhafte Zeugnisse für die Dankbarkeit, für die Größe, für die Schönheit der Tatsache unserer Existenz. Und wenn wir jetzt sagen, wir glauben Gott als allmächtig, sollten wir nicht erwarten, dass in den Naturgesetzen seine Allmacht aufscheint. Dafür sind diese Gesetze zu wenig gütig, zu wenig menschlich, zu wenig moralisch, zu wenig weise. Wir müssten sagen: Ich glaube Gott als allmächtig, weil die Liebe, die ich in ihm verkörpert sehe, die einzige Macht in meinem Leben sein soll, für die wirklich sich zu leben lohnt. Und so spreche ich von Gott als allmächtig. Ich glaube, dass im Angesicht einer oft grausam erscheinenden menschlichen Geschichte, einer grässlich sich voranquälenden Evolution die Liebe die einzige Macht ist, die trägt, die Sinn verleiht, die unser menschliches Leben menschlich sein lässt. So ist Gott allmächtig – als Widerspruch zu dem, was sonst wäre; als tragender Grund, sich beizubehalten, statt sich widerlegt zu fühlen durch den Tod, durch die Nichtigkeit, durch die Vergeblichkeit, durch die Sinnlosigkeit und durch die Absurdität, die sich immer wieder in erschreckender Weise auftut. Sie widerlegt sich einfach durch den Glauben an die Allmacht eben der Liebe, die wir im Glauben an Gott in diese Welt zu tragen vermögen. Und die uns trägt, wenn wir sie in diesem Glauben wahr machen.

Wozu wir da sind – Unsere Biografie zwischen Irrtum und Klärung

MARTIN FREYTAG: Herr Drewermann, Sie sprechen des Öfteren in verschiedenen Zusammenhängen von den paar schattenumdüsterten Jahren, die ein Mensch auf dieser Erde hat. Was bringt Sie zu dieser Aussage? Ist das purer Realismus aufgrund des Blicks in die leidvolle Geschichte der Menschheit? Oder teilen Sie grundsätzlich den Pessimismus hinsichtlich des Menschen, etwa eines Arthur Schopenhauer?

EUGEN DREWERMANN: Wir werden bestimmt Gelegenheit haben, noch mehrfach von Arthur Schopenhauer (1788–1860) zu sprechen. Aber mit den schattenverwirrten paar Jahrzehnten unserer irdischen Existenz verbinde ich in aller Regel das unglaubliche Ausmaß an Irrtum innerhalb unseres Lebens. Wie viel haben wir, wenn wir auch nur 60 Jahre oder 70 Jahre alt werden, schon mal für wahr gehalten? Was haben wir verteidigt an Werten, an welchen Stellen haben wir über Menschen zu Gericht gesessen und geurteilt? Glaubten uns ganz klar, die Dinge nach unseren Maßstäben betrachten zu sollen? Wenn Älterwerden einen Sinn macht, besteht er im Wesentlichen darin, die eigene Gebrochenheit zu realisieren, die Unvollkommenheit, und dabei eine Güte zu erlernen, zu der wir sonst in gewohnter Selbstsicherheit kaum fähig wären. Wir werden milder im Urteil, wir werden verbundener und verbindlicher im Umgang miteinander. Wir beginnen, die Suchwanderung der Menschen an unserer Seite und in der eigenen Biografie viel sensibler wahrzunehmen. Und dann erscheinen die schattenverwirrten Jahre unserer Existenz auch gegeben durch ein Licht im Hintergrund, das immer wieder aufblinkt, zu dem aber im Ganzen wir nur erst langsam und mühsam dabei sind, uns hinzubewegen.

Diese Sicht der Dinge ist nicht unbedingt pessimistisch im Sinne Schopenhauers. Sie enthält aber eine Aussage über den Zustand einer Natur, in die wir, so wie sie ist, nicht einwilligen können, weil wir Menschen sind. Wir sind zu anders, als nur Teil des Naturprozesses im Energiehaushalt zu sein. – An dieser Stelle hatte Schopenhauer recht zu sagen, die Natur offenbart keinen Gott, eher widerlegt sie ihn. „Ich möchte", sagte er, „nicht Gott sein. Das Leid der Welt griffe mir ans Herz." An dieser Stelle bin ich vollkommen einverstanden mit Schopenhauer, in dem Sinne, dass wir die Welt auf dem Wege zu Gott eher hinderlich finden müssten. Im Gegenteil, wir glauben an Gott in der Unmittelbarkeit des Johannesevangeliums, wir sehen ihn, wie Jesus ihn uns gezeigt hat. Dann erst betreten wir diese Welt als eine Brücke zwischen Zeit und Ewigkeit.

MARTIN FREYTAG: Gilt auch in diesem Zusammenhang der Satz des Theologen Karl Rahner: Der Mensch ist die zu sich selbst gekommene Undefinierbarkeit? Würden Sie diesem Satz zustimmen?

EUGEN DREWERMANN: Gemeint ist in dieser Sprache G. W. F. Hegels (1770–1831) wohl, dass wir unrecht tun, wenn wir den Menschen festlegen wollen. Sobald jemand sagt, ich weiß, wer du bist, im Sinne einer Verfügbarkeit, Planbarkeit im Umgang mit dem anderen, versündigt er sich an ihm. – Max Frisch hat diesen Satz, man solle den Namen Gottes nicht ins Wahnhafte setzen, das zweite Gebot (Exodus 20,7), man solle sich kein Bildnis von Gott machen, angewandt auch auf den Umgang des Menschen mit den Menschen. In seinem Bühnenstück „Andorra" zeigt er, was wird, wenn wir einen anderen festschreiben, zum Beispiel weil er ein Jude ist, weil wir seine Position in der Gesellschaft klar eingegrenzt haben, weil wir uns auskennen, wie man mit ihm verfährt. Ein solches Verhalten ist identisch mit dem Ersticken der Freiheit, der Seinsbegründung des anderen als Subjekt. Es ist der gewalttätige Umsturz der Einmaligkeit des Individuellen durch die Gleichschaltung des immer schon Bekannten und zur Verfügung Stehenden. Menschen sind so, dass sie eine offene Frage bleiben, auf die nur Gott eine Antwort hat. Eine unendliche Entwicklung. Deswegen genügt uns diese Welt niemals.

Das schattenverwirrte Leben, das wir hier führen, trägt in sich auch die Frage: Wer bin ich selbst denn nun eigentlich? Was denn, lieber Gott, ist wirklich mit mir gemeint? Das ahnen wir gewiss mitunter negativ in den Momenten, in denen wir begreifen, wie schädigend und beschämend wir oft unterhalb des Niveaus geblieben sind, auf dem wir eigentlich mit anderen Menschen hätten umgehen sollen. Dann tut es uns leid – der andere hätte wenigstens ein Stück Geduld oder Güte oder Verständnis gebraucht. Aber dazu waren wir in dem Moment nicht bereit oder auch nicht fähig. Wir hatten andere Interessen. Wir haben einen Menschen angefahren, wir haben ihn ausgeschimpft, nur weil er gebettelt hat. Wir haben ihn abgewiesen, einfach weil er uns unsympathisch war oder weil wir sowieso von anderen Dingen im Vorfeld bereits genervt waren. Wie eine Falle ist unser vielleicht vorhandener guter Wille dabei zugeschnappt. Und wir können, was dann geschah, im Nachhinein gar nicht wiedergutmachen. Das tut uns leid. Wir wissen, wie wir hätten sein sollen, aber wir wissen auch, wie anders wir wirklich waren.

Nur, wer sind wir dann, wenn wir so sein können? In dieser Spannung bewegt sich unsere Biografie immer wieder zwischen Irrtum und Klärung. Und es hört nie auf. Wir werden im Rückblick auf unser Leben, wenn wir ein bisschen älter werden, uns mit Sicherheit fragen: Und was war es denn nun? Was ist der rote Faden in alldem? Was habe ich gewollt, und wozu war ich bestimmt? Was ist der tragende, wahre Kern dieses Verwirrspiels? – Im Sog dieser endlosen Verwirbelung zeigt sich, dass auch die Menschen an unserer Seite darauf keine wirkliche Antwort haben. Die meisten werden solche Fragen sogar zurückweisen, sie werden sie gar nicht erst hören. In ihren Augen ist das ein sinnloses Gegrübel, sie betrachten es als eine Störung der Unterhaltung am Nachmittag. Dennoch bohrt die entsprechende Frage in uns weiter.

Auf diese Weise möchte ich eigentlich das Leben darauf vorbereiten, dass der Tod einen Sinn bekommt. Der Tod stellt die gewisse Verbindung zwischen Mensch und Natur in der Sicherheit, in der wir leben, infrage. Aber das trägt dazu bei, dass das Leben sich öffnet zu den Augen Gottes hin. Dann werden wir beginnen, uns wahrzunehmen mit den Augen einer ewigen Liebe. Und plötzlich werden wir verstehen, wer wir waren, wozu wir sind und worin all unsere Schönheit gründete. Und: Wir werden fähig, andere zu verstehen. Das eine ist identisch mit dem anderen. Wenn wir so wären, wüssten wir, wie Gott allmächtig ist, warum er unser Vater ist, warum er selbst unendlich ist und wir ihn als ein Du beschreiben, in dem Bewusstsein, ihn niemals eingrenzen zu können. Und warum wir selber als ein Ich, mit dem Gott redet, genauso unabschließbar gegenüber jeder Festlegung sind.

Auf seine Weise hat das einmal Friedrich Nietzsche (1844–1900) ausgedrückt, indem er sagte, der Mensch sei das nicht festgestellte Tier. Er wollte damit sagen, es sei nicht möglich, einen Menschen auf einen bestimmten Zustand hin zu fixieren, als wenn wir bereits wüssten, dass er nur so bleiben könnte, wie wir ihn gerade wahrnehmen. Oder als wenn wir im Sinne der Naturwissenschaft eine Zustandsbeschreibung von ihm liefern könnten, die augenblicklich den nächsten zu erwartenden Zustand aus den Gesetzen der Physik oder Chemie bereits vorhersagen ließe. Genauso ist es bei Menschen nie; denn wir sind nie nur ein Teil der Biologie, der Physik oder der Chemie.

Diese Ungewissheit im Begreifen eines anderen, verbunden mit der Neugierde, die es bereitet, einen Menschen immer besser kennenzulernen, ist im Grunde identisch mit dem, was wir Liebe nennen. Wir sind verzaubert von der Faszination des nicht Festgelegten, des nie ganz Bekannten, des immer neu sich Zeigenden, der Unergründbarkeit des Wesens eines anderen und seines Geheimnisses. Und immer, wenn wir davon etwas spüren, ahnen wir im Hintergrund, was Gott mit uns möchte und wozu wir da sind.

»Glauben« – ein Geschenk oder auch erlernbar?

MARTIN FREYTAG: Also, Herr Drewermann, noch einmal die Frage: Glauben – was ist das, wie geht das? Das ist heute die Frage unzähliger, gerade auch junger Menschen.

Der Schwerpunkt unserer Überlegungen soll jetzt für einen Moment sein: Ist der Glaube reines Geschenk freier Entscheidung? Oder kann man Glauben irgendwie auch lernen, den Glauben sich erarbeiten? In der neueren Theologie wird der Glaube oft als Vertrauen beschrieben. Hans Küng hat in seinem Buch »Credo« vom Glauben als einem Akt vernünftigen Vertrauens unter Berücksichtigung von Denken, Fragen, Zweifeln, also ausdrücklich auch des Verstandes, gesprochen. Es gibt zwei berühmte Sätze des mittelalterlichen Theologen Anselm von Canterbury (1033–1109): *Fides quaerens intellectum*, also der Glaube erfordert Verstand und Einsicht. Und *Credo ud intelligam*, ich glaube, um zu erkennen oder damit ich verstehe. Spätestens seit diesen Aussagen hat die christliche Theologie eher an der grundsätzlichen Vernunftbeteiligung am Akt des Glaubens festgehalten.

Offenbar hegen Sie aber nun ein tiefes Misstrauen gegenüber der Betonung der Vernunft in den Dingen der Religion und der Frage nach Gott. Obwohl Sie doch all Ihre beeindruckende Geistesschärfe genau da hinein investieren.

EUGEN DREWERMANN: Man kann in Fragen der religiösen Existenz den Verstand am besten dazu nutzen, methodisch seine Grenzen aufzuzeigen. Entsprechend dem schon Gesagten hege ich in der Tat an einer dozierbaren intellektualisierten Glaubensdoktrin jede Art von Zweifel. Aber sehr wichtig ist das, worauf Sie hinweisen: den Unterschied von Glauben als Lehre und Vertrauen als Haltung.

Wenn wir für gewöhnlich von Glauben sprechen, begreifen wir darunter zumeist das Fürwahrhalten von Inhalten, die wir leider nur noch nicht beweisen können. Glauben als Fürwahrhalten bestimmter Inhalte ist aber nicht das, was wir im Religiösen eigentlich damit bezeichnen sollten. Im kirchlichen Sinne galt Glauben scholastisch als das Fürwahrhalten der Lehre und der Lehrsätze, die im kirchlichen Unterricht vermittelt wurden. Diese Lehren, wohlgemerkt, verstehen wir nicht, die können wir nicht beweisen, aber wir müssen sie dennoch für wahr annehmen. So war vor allem der Dogmenglaube der Kirche auch ein Instrument der Entfremdung, sogar der Unterdrückung der Vernunft. Gleichzeitig wurde jedoch betont, dass die Inhalte des christlich so vermittelten Glaubens der Vernunft zugänglich seien. Thomas von Aquin (um 1225–1274) hat das sogar noch viel schärfer gesagt, als Sie das gerade bei Anselm von Canterbury etwa zitieren. Der Glaube, so verstanden, wie Thomas ihn sah, als ein Fürwahrhalten kirchlich vermittelter Lehrinhalte, sei ein Akt des Verstandes, ein *actus intellectus,* vom Willen befohlen, a *voluntate imperatus.* Das heißt, der Inhalt der Glaubenslehre ist in vernünftigen Begriffen darzulegen, doch sein Inhalt ist als Geheimnis (der Offenbarung) mit der Vernunft weder begründbar noch ergründbar. Religion geht niemals auf in Philosophie, will Thomas damit sagen. Wir brauchen den Willen, eine persönliche Entscheidung, um zu bejahen, was wir formal zwar nicht als vernunftwidrig erkennen, aber inhaltlich auch nicht aus der Vernunft ableiten können.

So wird beschrieben, was in der kirchlichen Tradition als die Offenbarung Gottes oder als Offenbarungswissen von Gott bezeichnet wird. Wir wüssten vieles nicht, wenn Gott es uns nicht mitgeteilt hätte durch die Bibel: durch das Alte Testament, durch die Botschaft

Jesu. Und da Gott selber Ursprung aller Vernunft ist, kann das, was uns da mitgeteilt wird, an sich nicht unvernünftig sein.

So in etwa ist der Zusammenhang. Indem wir an die Offenbarungsinhalte glauben, suchen wir Gott im Hintergrund als den Ursprung aller Vernunft. Wir möchten erkennen, was wir da glauben.

»Glauben« nicht als intellektuelle, sondern existenzielle Beziehung

Sich darum zu bemühen, ist die eigentliche Aufgabe der Theologie. Dafür werden schon in der Schule, dann an der Hochschule Prüfungen abgenommen und Promotionen geschrieben. Man muss gewiss zugeben, dass die Lehrstuhlinhaber dabei fleißig sind und ganze Bibliotheken füllen. Was dabei herumkommt, ist aber für die Religion eher ein Zerstörungsprozess als ein Gewinn. Alles wäre ganz anders, wenn man »glauben« nicht als eine intellektuelle, sondern existenzielle Beziehung verstünde. Augustinus (359–430) hat in seinen »Bekenntnissen« einmal ganz ähnlich gesprochen, wie Sie mit dem Zitat von Anselm, dem Vertreter der Hochscholastik, Glauben definierten; Augustinus aber sprach von der Liebe: Ich liebe dich, und deshalb möchte ich immer tiefer verstehen, wer du bist, und je tiefer ich dich verstehe, desto inniger liebe ich dich. Glaube ist eine Form der liebenden Begegnung und Verschmelzung zweier Subjekte, nicht der intellektuellen Annäherung eines Subjekts an ein Objekt.

In diesem Zusammenhang hat Martin Heidegger (1889–1976) einmal kritisch bemerkt, der metaphysische Begriff von Gott laute *ens a se*, das Seiende aus sich selber, oder *ens absolutum*, das in sich selber gründende, absolute, von nichts abhängende Seiende. Und er fügte hinzu, vor diesem Gott könne man weder singen noch tanzen, noch könne man zu ihm beten. Ein so definierter Gott sei ein Begriffsmonstrum, aber keine menschlich erfahrbare Gegenwart, kein Gegenüber der persönlichen Rede. Es schwingt darin nach die Idee des Aristoteles (384–322/21) im elften Buch der Metaphysik, dass Gott ein unbeweglicher Beweger sei: Gott setzt nach dieser Vorstellung alles in Bewegung, aber er selbst ist von nichts eigentlich anzurühren. Das ist das Resultat von logisch, metaphysisch ganz plausiblen Begriffen, die wir philosophisch mit Gott verbinden, doch sie helfen uns zum Leben absolut gar nicht.

Gehen wir nochmal zurück auf das, was wir eben sagten, müssten wir Tertullian (um 160–nach 220) Recht geben, der sagte: Ich glaube, weil es absurd ist. Er meinte: Ich muss glauben an Gott, schon deshalb, weil er vollkommen im Widerspruch steht zu der Welt, die mich umgibt. Um dem Absurden in der Natur, in der Wirklichkeit, in der menschlichen Geschichte, in den Aufführungen von so viel Leid und Elend standhalten zu können, brauche ich Gott im Hintergrund. Weil die Welt absurd ist, besteht die einzige Rettung darin, an Gott zu glauben. Ich muss an die Liebe glauben inmitten des lieblos kalten Getriebes der Naturgesetze; ich muss an Güte glauben, auch wenn ich sehe, wie gnadenlos der Kampf ums Dasein die Seele schon der Tiere durchzieht; ich muss an Wahrheit glauben, selbst wenn ich täglich sehe und höre, mit wie vielen Lügen, Halbwahrheiten und Verfälschungen die Mächtigen ihre Macht zu erhalten suchen. Ohne solchen Glauben ist kein menschliches Leben möglich. Dieser Widerspruch macht die scheinbare Irrationalität, aber zugleich die existenziell notwendige Begründung des Gottesglaubens erkennbar.

Die Theologen auf den Lehrstühlen sind viel zu beruhigt im Dasein, wenn sie ihre Lehren aus der Tradition begründen und in die Versöhnung von Philosophie und Offenbarung setzen. Damit ist freilich schon im zweiten Jahrhundert nach Christus begonnen worden. Die frühchristlichen Apologeten versuchten das: Sie nahmen die griechische Philosophie mit ihrer Suche nach den Ursprüngen und identifizierten den Ursprung von allem, das Sein alles Seienden, als Gott. Gott wurde so das Sein an sich, das Seiende, das den Grund seines Seins in sich selbst trägt, das als ewig, absolut und unwandelbar der Grund von allem ist. Die Theologen konstruierten auf diese Weise einen Begriff von Gott zur Erklärung der Welt, zur Erklärung von allem, was man fragen konnte, scheinbar widerspruchsfrei. Der Widerspruch zu diesem Begriff indessen besteht in der Einrichtung der Natur selber. Wir werden darauf gleich noch kommen. Der Märtyrer Ignatius (gest. 197) immerhin bestand darauf, dass Gott nicht einfach das Seiende der griechischen Philosophie ist, dass er auch nicht rein metaphysisch als Ursprung von allem ableitbar ist. Denn dann wäre er lediglich eine bessere Umschreibung für das, was die Griechen, die eleatischen Philosophen oder die Naturphilosophie in Milet oder Ephesus, mit den Göttern verband. Die Griechen suchten, neben ihrer Metaphysik, auch physisch nach dem Urstoff, dem Ursprung, aus dem das ganze Universum bestünde. Das konnte für sie die Luft sein, die Erde, das Wasser, das Feuer. Doch all das ist nicht Gott.

„Glauben" ist Vertrauen, dass wir leben dürfen

Es ist deutlich: Auf dieser Ebene der Erklärungen können wir jetzt nicht Gott einführen als die eine Erklärung, die besser ist als die Physik, wenn sie vom Urknall spricht oder einen Energiezustand zu beschreiben sucht, aus dem die Entwicklung von allem sich vermeintlich notwendig ergibt. Gott ist der vollkommen andere, er geht überhaupt nicht ein in die Ursachen, nach denen wir suchen, um die Natur zu erklären. Dieser Unterschied ist sehr wichtig.

Und nun sagen Sie mit Recht: Wir sprechen heute nicht mehr von Glauben im Sinne des Fürwahrhaltens von nicht beweisbaren Sätzen. In der Naturwissenschaft ist es unterscheidbar klar: Wir wissen etwas nicht, aber wir können uns bemühen, uns das Wissen zu beschaffen. Sigmund Freud (1856–1939) hat das einmal so kommentiert: Die Unwissenheit ist die Unwissenheit; keinerlei Recht, irgendwas zu glauben, geht daraus hervor. Für die Naturwissenschaft ist der Zustand, dass wir etwas glauben müssen, die dringliche Aufforderung, besser nachzusehen und durch Erkenntnis das Glauben zu erübrigen, indem wir durch einsehbare, beweisbare Zusammenhänge uns jede Art von Zweifelhaftigkeit, von Glauben ohne Wissen ersparen. Wenn Gott in dieser Art geglaubt werden soll, als eine nur noch nicht beweisbare Erklärung von naturwissenschaftlichen Annahmen, hätten eigentlich die Kommunisten in der Kulturpolitik der alten DDR vollkommen recht gehabt: Je besser wir die Natur verstehen, desto eher hört der Glaube an einen solchen Gott von ganz alleine auf.

Umso wichtiger ist zu sagen, wovon wir in der Religion sprechen. Wenn wir von Glauben an Gott reden, ist der Begriff zu ändern. Es geht um Vertrauen. Es geht um eine Beziehung zwischen Personen, zwischen Ich und Du. Nur einer Person kann man vertrauen. Ich kann nicht darauf vertrauen, dass morgen die Sonne aufgeht oder heute Abend der Mond am Himmel erscheint. Das kann ich wissen und das muss ich wissen können aus den Naturgesetzen. Lediglich wenn ich die Natur überhaupt nicht kenne und mir eine Religion im mythischen Sinne bilde, wo alles von innen her belebt ist, dann muss ich glauben, dass der Sonnengott Helios morgen früh erneut seine Rosse anspannt und über die Himmelsbahn lenkt. Dann aber ist die Sonne selber ein Gott, und dann allerdings kann ich ihr vertrauen, weil sie eine Person darstellt. Das alles ist mythisch, symbolisch gemeint, und es kann im Rückblick auch so verstanden werden, dass es eine große Gnade bedeutet, dass wir noch einmal einen Tag erleben dürfen. Aber dann ist die Fragestellung schon verändert. Wir begreifen das ganze Leben als ein gnädiges Wunder aus den Händen Gottes. Und das ist weit weg von der Tatsächlichkeit der Naturerkenntnisse. Es hat nichts zu tun mit unserer biologischen Konsistenz, die sich heute Nacht noch auflösen könnte, unbemerkt von den Medizinern. Es ist ein Vertrauen, dass wir leben *dürfen*, ein Wissen, dass wir überhaupt nicht leben *müssen*, doch dass das Spiel der Kontingenz dazwischen, die Nichtnotwendigkeit, sich hineinfügt in den Wunsch, in den Willen eines Gottes, der möchte, dass wir sind. Dadurch entsteht eine Notwendigkeit, eine Berechtigung unserer Existenz nicht aus der Gesetzmäßigkeit der Naturkausalität mit all ihren Zufällen, sondern aus der Freiheit einer absoluten Zusage und Zuwendung. Allein das schafft uns Vertrauen. Ganz wie in dem Kindergebet, das ich anfangs nannte: Wenn ich dich auch niemals sehe, bist du dennoch sicher hier. Das ist Vertrauen in das Unbeweisbare einer persönlichen Beziehung.

KAPITEL 3

Existiert Gott als unser guter Vater?

MARTIN FREYTAG: Die jüdisch-christliche Theologie entstand zweifellos in einer patriarchalischen, also nahezu ganz und gar männlich geprägten und dominierten Tradition. Von daher ist es nur verständlich, fast selbstverständlich, dass Gott, sofern er nicht philosophisch abstrakt zum Beispiel als höchstes letztes Sein gedacht wird, als männlich beschrieben wird. Jesus von Nazaret war nach allem, was wir wissen, sehr vertraut mit seinem Gott. An mehreren Stellen im Neuen Testament spricht Jesus Gott ausdrücklich als seinen Vater an, zum Beispiel am Beginn des Vaterunsers (Matthäus 6,9) oder in der Stunde bitterer Todesangst angesichts seines gewaltsamen Todes (z. B. Markus 14,36; Lukas 22,42; 23,46). Nun ist „Vater" ein zutiefst menschliches Wort, das fast jeder und jedem etwas sagt aus eigener unmittelbarer Erfahrung heraus. Jeder Vater ist ein konkreter Mensch, also eine Person. Wenn wir also mit Jesus Gott auch unseren guten Vater nennen dürfen, können und dürfen wir uns dann Gott auch als Person vorstellen?

EUGEN DREWERMANN: Unbedingt ist das gemeint, weil jede Gottesvorstellung unterhalb des Personalen nicht das meint, was Religion bezeichnet. All die Zeit jetzt haben wir überlegt, dass Religion darin besteht, die Lücke der Kontingenz in unserem Dasein zu schließen und Halt zu geben einer Person, die, wie wir Menschen alle, in sich selber, aber auch im Raum der Natur keinen Halt finden kann. Um uns Halt zu geben, muss Gott unbedingt als Person vorgestellt werden. Wir dürfen allerdings nicht darauf bestehen, dass wir den Personenbegriff, den wir auf uns Menschen anwenden, unmittelbar auf Gott übertragen könnten. In diesem Punkte wird der erste Mystiker der christlichen Theologie, Dionysius Areopagita (um 500), recht haben, wenn er sagt: Alles, was wir in Bezug zu Gott sagen, ist mindestens so falsch, wie es richtig sein kann. Es gilt allenfalls nur analog. Was wir meinen, wenn wir Gott als Person bezeichnen, ist nicht so sehr seine selbstreflexive Individualität, wie bei einer menschlichen Person, sondern eine Liebe, die in absoluter Freiheit sich ins Unendliche verströmt und keines anderen bedarf, um auf sich selbst zurückzukommen; unser menschliches Ich gründet darauf, dass es ein anderes Ich gibt, das mit uns redet; Gott ist ein absolutes Ich, das nicht sich bildet, wenn es angeredet wird, sondern das alles bildet durch sein Wort.

So spricht Jesus von Gott als dem Vater. Ich glaube, dass das Markusevangelium recht hat mit der Legende, dass die zentrale Berufung

Jesu erfolgt sei bei seiner Taufe am Jordan (Mk 1,9–11). Da wurde von Johannes dem Täufer, in Gesetzesstrenge mit drohenden Worten, Gott in eine Hülle der Angst gekleidet und wie eine strafende Drohung den Menschen gegenübergestellt: Sie sollten in der Schrecknis dieses Gottes endlich Buße tun und umkehren. Jesus aber hat in diesem Moment den Himmel sich öffnen gesehen und eine Stimme gehört, die ihm sagte: Du bist doch mein Sohn. – Das, denke ich, ist die zentrale Entdeckung Jesu, wenn er Gott seinen Vater nennt: Es ist die Versöhnung mit sich selber. Wir dürfen seine Kinder sein. Wir können einander begegnen mit dem Respekt, den wir Königstöchtern oder Königssöhnen, Prinzen oder Prinzessinnen entgegenbringen. Es strahlt in uns eine Schönheit auf, die wir nicht uns selbst verdanken, die aber in uns sichtbar wird und die uns etwas zeigt von der Macht, die möchte, dass wir sind. So entdeckt sich uns Gott als Vater. Er erlaubt uns zu sein.

Frei von Sorgen und behütet auch morgen

Ein ganz wichtiges Wort in der Botschaft Jesu steht diesbezüglich in Markus 9,33–37. Die Jünger fragen Jesus, worauf es im Leben ankommt, und er antwortet: Wenn ihr nicht lernt zu werden wie die Kinder, werdet ihr Gott nie verstehen. Das ist der Gegensatz zu der Außendefinition eines Menschen durch die Gesellschaft. Wir haben für gewöhnlich beigebracht bekommen, dass wir im Grunde immer „Fertige" sein müssen, Erwachsene sein müssen, perfekt sein, leistungsstark sein, vernünftig sein, diszipliniert sein, kontrolliert sein, zur Verfügung stehen und gehorsam sein müssen. Wann hätte man uns erlaubt, Kinder zu sein? Zu träumen, zu hoffen, zu fühlen, zu spielen, glücklich zu sein? Alles, was Jesus lehrt, stammt aus dem Vertrauen zu einer bedingungslos wohlwollenden, annehmenden, begleitenden, alles umfassenden Güte in der Person Gottes.

Daraus ergeben sich alle Unterschiede und Freiheiten gegenüber dem Normalen in einer Welt, die Gott in dieser Form nicht kennt. Die Leute hetzen sich zum Beispiel ab, das Brot für morgen zu gewinnen, wie es in Matthäus 6,11, im Vaterunser, heißt – in unserer Sprache: die Rentensicherung! Dafür kann man nicht genug tun. Oder die Sorge, wie man in den Augen der anderen so erscheint, dass man genügend verdient, dass man „in" ist, dass das Outfit, dass die Performance sich so gestaltet, dass es auf Anerkennung trifft. Jesus antwortet auf all das: Jede Lilie des Feldes ist so schön, dass König Salomon in all seiner Pracht sie hätte nur beneiden können. Und so seid ihr in den Augen Gottes. Ihr müsst euch darum nicht sorgen (Matthäus 6,25–34). „Unser Brot von morgen gib uns heute." Das ist im Vaterunser das Gebet der armen Leute, für einen Tag auch nur, von heute auf morgen zu kommen, in der Dankbarkeit, dass wir noch sind, und in dem Bewusstsein, dass wir sowieso nicht wissen, ob wir den morgigen Tag erleben. Aber so vertrauensvoll möchte es sein, behütet auch morgen so wie heute in den Händen Gottes.

Das meint Jesus, wenn er Gott den Vater nennt. Er ist ein Hintergrund, der es erlaubt, die Sorgen zu vergessen, die uns sonst peinigen und immer wieder in den Kampf ums Dasein treiben würden. Auf einmal haben wir einen Maßstab, der unter den Menschen in der Grausamkeit der Gottesferne in der menschlichen Geschichte nirgends sonst auftaucht. Wir dürfen sein. Wir haben die Erlaubnis, eine Freiheit zu pflegen, die uns und andere glücklich machen könnte.

Wir erleben den Unterschied jeden Tag. Wir gehen durch die Straßen, und wir sehen ein Kind, und wenn wir uns umschauen, was für eine Industrie bereits auf solche Kinder losgelassen wird als potenzielle Konsumenten, sehen wir vor uns ein ausuferndes digitales Unterhaltungsprogramm, mit dem die Kinder spielen sollen: Kampfspiele, Kombinationsspiele, Trickspiele, schaurige Szenen, und je älter sie werden, desto übler sollen sie üben, wie man am schnellsten schießt, wie man den Feind ausspioniert, wie man ihm Fallen stellt. Das alles soll in der Unterhaltungsindustrie den Kindern kindgemäß beigebracht werden zur Einübung und Vorbereitung auf die „Wirklichkeit". Wirklich?

Dieser Tage sah ich, wie ein Junge mit einem Eimer in der Hand, in dem ein bisschen Wasser war, neben seiner Mutter herlief. Er war vollkommen glücklich über das bisschen Wasser im Eimer. Immer wieder griff er mit der Hand hinein und spritzte damit auf die Blumen, die da waren. Er wollte sie begießen. Er freute sich über die Kühle des Wassers, die er ihnen schenkte, als wenn sie lebendig würden in seiner Hand. So sind Kinder. So etwas hat Jesus gesehen und gemeint im neunten Kapitel des Markusevangeliums, und er hätte es uns allen gewünscht, weil im Hintergrund eines jeden Menschen, der ist wie ein kleines hilfloses Kind, diese väterliche Macht steht, die es umgibt, umsorgt und sorgenfrei sein lässt in einer Unmittelbarkeit der Freude an sich selber und an allem, was da ist.

Noch einmal: Weil uns die Welt so absolut anders als wohlwollend und gütig erscheinen kann, brauchen wir den Vorschuss eines solchen väterlich gebundenen Vertrauens, um der Welt standzuhalten, um befreit in diese Welt zurückzugehen, um uns nicht immer wieder von außen leben zu lassen in einer Permanenz der Angst. Wir können uns freilassen, wir können uns öffnen für den anderen, wir betrachten ihn nicht mehr durch die Schlitzaugen des Helmvisiers als etwas Gefährliches. Wir können uns öffnen in Zugewandtheit. Das alles macht es möglich, wenn und weil wir glauben an Gott als an eine väterliche Macht im Hintergrund der Welt. So lehrte Jesus uns zu glauben.

Es ist nicht einmal in der Bibel selbstverständlich, dass man Gott so sieht. Wir glauben an Gott als den Vater Jesu Christi, wenn wir so von Gott sprechen, im Unterschied zu manch anderem Vater. – Viele Schüler und Schülerinnen haben ihre Väter ganz oft anders erlebt. Vor allem kenne ich Frauen, die das Vaterunser nicht beten können im Schatten der Erfahrungen mit ihrem Vater. Er war ihnen als Kindern unheimlich, er war gewalttätig, betrunken oft, übergriffig, willkürlich, schamlos, doch immer machterfüllt. Im Schatten dieses Vaterbildes haben sie gelernt, den Begriff Vater förmlich zu vermeiden, weil er nur Angst verbreitet; in diesem Umfeld bitterer Erinnerungen möchten sie niemals mit Gott reden müssen. Er ist dann nur der Inbegriff aller Schrecknisse. Psychologisch spricht übrigens vieles dafür, dass in der überkommenen Frömmigkeit gerade dieses Gottesbild eines schreckenden, gewalttätigen Vaters sich verlängert. Diese verfehlte Glaubensverkündigung muss und will gerade überwunden werden durch die Botschaft Jesu.

Gott als das nie Feststellbare

MARTIN FREYTAG: In früheren Büchern, Herr Drewermann, haben Sie Gott bisweilen als „Chiffre" bezeichnet. Dieser Begriff klingt zunächst einmal sehr abstrakt und kann ja auch durchaus irritierend wirken. Eine Chiffre kann man wohl kaum persönlich anreden, geschweige denn zu ihr beten. Was also meinen Sie mit diesem Wort in Bezug auf Gott?

EUGEN DREWERMANN: Der Gedanke, dass die Religion eine Form der Chiffrendeutung sei, stammt von Karl Jaspers (1883–1969), vornehmlich aus seinen Vorlesungen Ende der 40er-Jahre in Zürich, gesammelt in dem Bändchen „Der philosophische Glaube". Jaspers meinte, die Festlegung des christlichen Glaubens auf Dogmen müsse aus der Religion als philosophisch unbegründet überwunden werden durch die Einsicht, dass alle Lehren religiös nur dadurch einen Sinn machen, dass sie ins Unendliche über sich hinausweisen. Letztlich ist mit dem Unendlichen Gott gemeint. Also fragte Jaspers: Wie kann ein Philosoph die Rede von Gott verstehen? Und er meinte, dass alles im Erkenntnisprozess gebunden ist an die Spaltung zwischen Subjekt und Objekt: Hier, auf der einen Seite, befindet sich eine erkennende Person und dort, auf der anderen Seite, ein zu erkennender Gegenstand. Alle Erkenntnis bleibt in diesem Sinne, innerhalb der Subjekt-Objekt-Spaltung, notwendigerweise unvollständig.

Wenn wir von Gott reden, meinen wir etwas, das wir gegenständlich absolut nicht erkennen können. Eben noch haben wir gesagt, wir verstehen Gott als Subjekt, als ein Du, das uns anredet und das mit uns spricht. Dieses Ich Gottes, das mit uns redet, wird nie ein Objekt werden, es bleibt immer rätselhaft gegenüber dem erkennenden Zugriff, es ist aber etwas, das sich zwischen zwei Subjekten verbindet und dann die gesamte erkennbare vergegenständlichte Welt umgreift. Und das wird jetzt der Begriff, den Karl Jaspers mit Gott verband: Er ist das Umgreifende, das alles Umfassende, das nie durch Erkenntnis zu Objektivierende, das nie Feststellbare, das nie in klassischen Kategorien Beschreibbare. Gott ist immer der, der noch darüber hinaus ist, indem er das erkennende Subjekt mit umfängt. – In diesem Sinne ist jeder Erkenntnisprozess daran gebunden, dass es ein Vermittelndes gibt, das als letzte Wirklichkeit alles, was uns als wirklich und wirksam begegnet, ermöglicht, meint und zur Darstellung bringt.

Wenn wir also sagen: Gott ist Vater, ist das in diesem Sinne ohne Zweifel eine Chiffre, ein Symbol. Wir greifen menschliche Erfahrungen im Umgang mit unseren eigenen Eltern auf, verunendlichen sie und projizieren sie auf ein ganz Anderes, für uns Unbekanntes. Wir nehmen positive Erfahrungen, die wir einmal als lebensnotwendig gemacht haben, und setzen sie mit Gott gleich. Objektiv ist daran so gut wie nichts berechtigt, aber für unser menschliches Selbstverständnis ist es absolut notwendig, so zu tun; das meinte Jaspers mit dem Begriff einer Chiffre: Wir schauen in ein Unendliches hinein, wir können es aber nur sehen in den Bildern des Endlichen. Die Bilder des Endlichen sind dann die Chiffre für das Unendliche, und dazwischen, in unendlichem Abstand, spielt sich alles ab, was wir Religion nennen, was wir eben als Vertrauen beschrieben haben, was nie Gegenstand des Erkennens wird, dafür aber der persönlichen Entfaltung dient und von ihr getragen wird.

Gott als der Ich-bin-da

Martin Freytag: Ein berühmtes Wort von Dietrich Bonhoeffer lautet: „Einen Gott, den es gibt, gibt es nicht." Wenn es denn so stimmt, kann man dann überhaupt von einer objektiven Existenz Gottes außerhalb des menschlichen Bewusstseins sprechen?

Eugen Drewermann: Gott ist ganz sicher anders, als jeder ihn sich vorstellt, er ist nicht Teil des menschlichen Bewusstseins oder eine bloße Hervorbringung des menschlichen Bewusstseins in seiner Selbsterkenntnis. Das alles ist zwar philosophisch im Deutschen Idealismus um 1800 behauptet worden, doch es ist erkennbar falsch. Wir müssen darauf gleich noch mal eingehen. Hier genügt es zu sagen: Gott muss sein, unabhängig von unserem menschlichen Bewusstsein. Das würde auch Bonhoeffer nicht bestritten haben, ganz im Gegenteil: Wir existieren, weil Gott existiert, das ist existenziell die richtige Reihenfolge und Begründung des Glaubens. Dementsprechend ist die gesamte Theologie des 20. Jahrhunderts im Protestantismus gerade so angelegt, wie Bonhoeffer es formuliert hat: Gott ist das Subjekt, das nie ein Objekt wird; er ist das Ich, das nie vergegenständlicht werden kann.

In einem kleinen Beispiel lässt sich das verdeutlichen. Eine jüdische Anekdote bei Martin Buber (1878–1965) geht so: Ein Rabbi hört abends, dass es an seine Tür klopft. Und er fragt: Wer ist da? Und der Schüler antwortet: Ich. Doch der Rabbi weigert sich, ihm zu öffnen, weil dieses Wort „Ich" legitimerweise nur von Gott selber ausgesprochen werden darf. – Wir sind nur Ich, will die Geschichte sagen, weil Gott mit uns redet und uns als ein Du betrachtet, aber nie stehen wir gleichberechtigt mit unserem Bewusstsein, mit unserem Selbst, mit unserem Ich neben dem absoluten Ich Gottes, als könnten wir auf gleicher Höhe in den Dialog mit ihm treten. Der Rabbi ist sehr streng bei Martin Buber. Und er hat recht. Im Alten Testament lautet die Offenbarungsformel Gottes immer wieder: Ich bin. Zu wissen, dass da überhaupt ein Ich ist, darin besteht die ganze Selbstmitteilung Gottes. – Nehmen Sie als Beleg dafür vor allem Exodus 3,14. Da fragt Mose Gott: Was soll ich denn den Leuten sagen? Sie werden fragen:

Wer ist dir erschienen? Was ist sein Name? Wie werde ich dann ihnen antworten? Wie heißt du? Wer bist du? Wie kann ich begrifflich dich bezeichnen? Doch die Antwort Gottes ist lapidar: Was soll das? Dass du mich fragst nach meinem Namen? Ich bin da, als der ich da sein werde.

Man kann gerade diese Selbstmitteilung Gottes metaphysisch falsch verstehen. Johannes Paul II. zum Beispiel besuchte den Sinai, er stand auf dem Berge der Offenbarung Gottes, wie er meinte, und teilte der Menschheit als Papst mit: Das ist der Ort, an dem Gott sich zu erkennen gab als der ewig Seiende, als der Ich-bin. Der Papst verstand diese Worte so, wie er es gelernt hatte: Die Selbstmitteilung Gottes besagte für ihn metaphysisch: Ich bin das ewige Sein, der ewig Seiende. Der philosophische Begriff lautet genau so: ens a se, das aus sich Seiende – doch eben das ist nicht gemeint. Was Gott sagen will, ist ganz wie in dem Kindergebet, das ich eingangs zitierte: Mose, du musst nicht wissen, wer ich bin. Es gibt keinen Begriff für mich, mit dem du mich denken und bezeichnen könntest. Keine Festlegung, keine Definition existiert, die mich gültig umschreiben würde. Das Einzige, was du wissen musst, ist dies: Es gibt nie einen Augenblick in deinem Leben, in dem ich nicht bei dir wäre, in dem ich nicht gegenwärtig wäre. „Ich bin da, als der ich da sein werde." Das heißt: Aus der Erfahrung, wie ich heute bin, kannst du nicht ableiten, wie ich morgen bin. Das Einzige, was ich dir zusichern kann, ist dies: Ich werde immer so da sein, wie du mich benötigst. Wenn du hochmütig wirst und deine eigenen Grenzen verlässt, dann werde ich dir gegenüberstehen als jemand, der dir widerspricht, der in gewissem Sinne dich sogar demütigt, indem er dich zurückwirft auf die Kleinheit, die in Wahrheit in dir selber liegt. Wenn du aber am Boden liegst und nicht mehr weiterweißt, werde ich so handeln wie Eliah gegenüber: Ich werde einen Engel senden, der dich stärkt mit Brot und Wasser (1 Könige 17,4). Ich werde dich aufheben in deiner Ohnmacht, ich werde dich trösten in deiner Angst und in deiner Hoffnungslosigkeit. Ich werde stets so da sein, wie du mich benötigst. Alle Notwendigkeit in deinem Leben, die du spürst, wird hilfreich sich versammeln in meiner Gegenwart. Das bedeutet: „Ich bin da, als der ich da sein werde." Das ist der Inhalt allen Glaubens und der Inbegriff von allem Glaubwürdigen, was wir mit Gott verbinden.

So ähnlich hätte auch Bonhoeffer gehofft: Mir ist vollkommen klar, und ich weiß, dass die Nazis mich ermorden werden. Sehe ich nur die menschliche Geschichte, gibt es keine Hoffnung. Schaue ich nur auf das, was ich vollbracht habe, so gibt es keine Zukunft. Die Nazis werden sämtliche Bücher verbieten und unterdrücken, auf dass sie niemals wieder erscheinen. So ist es ganz wahrscheinlich. Dass ich dem trotzdem standhalte, liegt daran, zu glauben, dass sterbend ich Gott begegne, dem ich versucht habe, treu zu sein. Und bitten kann ich jetzt nur, dass ich nicht vor Angst jeden Grund unter den Füßen verliere. Meine Angst ist bebend, und ich bin nicht ein Mensch, der tapfer in die Nacht schaut. Gott muss da sein, dass ich standhalte. Also: Bitte, lieber Gott, hilf mir, wenn sie kommen. Sie werden kommen, und ich weiß nicht, wer ich dann sein werde; umso mehr muss ich glauben, dass du da sein wirst, wie du dann bist. Und das ist mein Vertrauen durch die Nacht für morgen, wenn sie kommen. Dieser Gott ist nicht in mir, er ist nicht Teil meines Bewusstseins, er ist die Rettung der Ungewissheit meines Selbstbewusstseins. Er ist kein Gegenstand, weil er immer ein Ich ist. In diesem Sinne kann man sagen, er sei bewusstseinsunabhängig, weil er mein Bewusstsein allererst ermöglicht. Diese Erfahrung ist die Widerlegung des Deutschen Idealismus durch den Glauben in der Existenz.

Gott in „weiblichen" Bildern

MARTIN FREYTAG: Seit den späten 60er-Jahren des vorigen Jahrhunderts meldete sich die sogenannte Feministische Theologie mit ihrer teils radikalen Infragestellung traditioneller Gottesbilder zu Wort. Wir sprachen vorhin schon kurz darüber. Kritisiert wurde immer wieder die patriarchale Struktur der Religion, die Überformung des Gottesbildes durch die Metapher der Männlichkeit.

Nun gibt es, sparsam, aber existent, durchaus auch schon im Alten Testament eine weibliche Gottesmetaphorik. Zum Beispiel wird Gott als Mutter dargestellt (Jesaja 4,15; 66,13; Hosea 11,1–4) oder als Gebärende (Deuteronomium 32,18; Numeri 11,12) oder mit Tiermetaphern umschrieben (z. B. Gott als Bärenmutter in Hosea 13,8), um nur drei Bildbereiche zu nennen. Können Sie verstehen, dass gerade auch Frauen, die im patriarchalen Rahmen von Macht und Sexualität mit Männern teils schlimme Erfahrungen gemacht haben, mit einem göttlichen Übervater nichts anfangen können und stattdessen Gott lieber in weiblichen Bildern anreden?

EUGEN DREWERMANN: Die Bibel ist weniger schlimm, als sie manchmal erscheint, und sie ist viel schlimmer, als man manchmal glaubt. Den Patriarchalismus in der Bibel gibt es ohne Zweifel, und er begegnet Jesus in seinen Tagen in voller Härte. Gott als Vater ist in diesem Sinne festgeschrieben als oberste Autorität und Gesetzgeber, als strenger Richter, so wie Jesus Gott in der Botschaft Johannes des Täufers erlebt und wohl auch zu Beginn geglaubt hat. Mit dieser Vatergestalt verbindet man psychologisch für gewöhnlich eine nur bedingungsweise Akzeptanz in Erfüllung bestimmter Anforderungen. Gott in patriarchaler Deutung kann mit uns nur gütig sein, wenn wir seine Gesetze und Gebote halten. Er kann uns vergeben, wenn wir reumütig unsere Fehler eingestehen und wiedergutzumachen suchen. Er ist in jedem Falle die oberste juridische Instanz, die in höchster Vollmacht über uns entscheidet. Und nur unter der Bedingung der Korrektheit unseres Verhaltens, der Übereinstimmung mit seinen Satzungen wird er zu uns stehen und uns akzeptieren. Das ist Patriarchalismus.

Im antiken Griechenland und in Rom besaß der *pater familias*, der Vater der Familie, eine absolute Autorität, so sehr, dass man ein neugeborenes Kind ihm vor die Füße legte und er darüber entschied, ob es ihm gefiel oder missfiel, ob es leben durfte oder getötet wurde. Man weist darauf hin, dass Männer meist dazu neigen, ihre Kinder anzuerkennen und zu belobigen, wenn sie etwas geleistet haben, wenn sie etwas tun, das nach Herkunft und allgemeiner Bewertung sich sehen lassen kann. Inwieweit ein solches sozialpsychologisches Schema sich wirklich begründen lässt, müssen wir hier nicht diskutieren; Sie möchten ja damit arbeiten. Und dann müssen wir sagen: Wenn der Gott, an den wir glauben sollen, derartige patriarchale Züge annimmt, so entspricht das ganz und gar der Gesetzesreligion, auf die Jesus in seinen Tagen traf. Menschen, die nicht weiterwissen, die sich von den Gesetzen entfernen, die verzweifelt sind, die draußen stehen – sie alle haben in einer „patriarchalen" Religion keine Chance, mit diesem Vatergott zurechtzukommen. Als strenger Vater hat dieser Gott gesagt, was man tun soll, und alle seine 613 Gebote sind einzuhalten. In diesen 613 Gesetzen steht auch, wie im Fall der Übertretung die Strafe ausfallen wird bis hin zur Hinrichtung, bis hin zur Steinigung, bis hin zur Todesstrafe. Das alles hat den Worten der Bibel nach Gott verkündet. So steht es da. Und daran hält sich natürlich der Vatergott als ein gerechter Gott. Ein solcher kann nicht plötzlich gnädige Ausnahmen machen, Gesetze gelten für alle. Das ist der

Vaterhintergrund, den wir in der Bibel antreffen. Das ist nicht zu leugnen. Und er trägt in angegebenem Sinne „patriarchale" Züge.

Mit Mütterlichkeit verbinden wir, psychologisch gut erfahrbar auch individuell im Leben von Familien, eigentlich etwas anderes. Eine Frau drückt ihr Kind an sich, einfach weil sie es geboren hat. Sie erwartet nicht, dass das Kind schon etwas ist und etwas kann. Es kann überhaupt nichts, es ist überhaupt noch gar nichts, aber genau deswegen hat die Mutter es lieb: Es ist ihr Kind, und die Hilflosigkeit des Kindes ist über vielerlei vorherbestimmte, biologisch genau definierte Verhaltensreaktionen der Mutter die Antwort darauf. Mit „Mutter" verbindet man insofern die bedingungslose Akzeptation eines anderen Wesens. Das kann so weit gehen, dass Mütterlichkeit sich ausdehnt nicht nur auf die eigenen Kinder, sondern auch auf Tierkinder. Wir Menschen haben die Fähigkeit zu einer Mütterlichkeit, die durchaus über den Erhalt der menschlichen Spezies hinausgehen kann. Da ist ein Bedürfnis am Werke, auf anderes Leben so zu reagieren, dass es lebensrettend wird. Und dieser Zug von Mütterlichkeit – der allerdings steht dem, was Jesus mit Gott verbindet als Vater, unendlich viel näher als jenes Schreckgespenst eines patriarchalen Gottes.

Erich Fromm (1900–1980) hat sich schon vor rund 100 Jahren große Mühe gegeben, die Jesusgestalt in diesem Widerspruch zu interpretieren. Er meinte, Jesus sei in den Tod gegangen, er sei hingerichtet worden gerade für dieses Programm, die Religion seiner Zeit von ihren patriarchalen Vorstellungen von Gott zu befreien und in eine „mütterliche" Haltung von Mitleid und Milde im Umgang mit Menschen umzuformen. Gott ist dann nicht länger der patriarchalische Vater, der immer nur bedingungsweise, abhängig von erfüllten Gesetzen, Menschen akzeptiert, sondern er ist eine unbegrenzte Güte, die überhaupt erst ermöglicht, dass wir gut sein können, dass wir zu uns selber reifen, dass wir uns umfangen fühlen in einer vertrauensvollen Liebe, die auch über Ängste, über Fehler hinweg zu leben hilft.

Insofern hat Jesus wesentlich dazu beigetragen, die patriarchalistisch ausgerichtete Religion seines Volkes seinerzeit in das Maternale umzuprägen. Immer spricht Jesus davon, dass Gott gütig ist im absoluten Sinne. In Lukas 15 etwa erzählt er, wie ein Hirte sich aufmacht, ein verlorenes Schaf zu suchen. Natürlich steht so etwas auch im Alten Testament, dass Gott nahe ist denen, die zerbrochenen Herzens sind (Psalm 51,19), dass Gott sich niederbeugt zu den am Boden Liegenden, dass er eine Hilfe ist und ein Retter für die Zerschlagenen.

Doch entscheidend ist, dass Jesus die Mütterlichkeit Gottes in dem jetzt genannten Sinne in Widerspruch setzt zum Gesetzesglauben seiner Zeit. Menschen, sieht er, können überhaupt nicht gut sein, einfach weil sie wollen. Sie müssen einer Güte begegnen, die unbedingt ist, auf dass sie befreit aufwachsen und zu sich selber finden. Erst wenn sie die Erlaubnis zu sich selber finden, wenn sie versöhnt mit sich selber in Identität und Authentizität zu leben beginnen, können sie sich öffnen auch gegenüber den Fragestellungen anderer, erst dann können sie wirklich gütig sein. Sie werden nicht wie vormals beleidigt sein, wenn ein anderer sich so verhält, dass es kränkend sein könnte. Es muss sie nicht bedrohen, wenn sie wissen, wer sie selber sind. Ein Unrecht, das man ihnen zufügt, trifft jetzt auf das Bewusstsein, eigentlich bei Gott so angenommen zu sein, dass man eine solche Behandlung nicht verdient. Dann kann man sich öffnen für Fragen von der Art: Als was hat der andere mich denn gesehen? Was für ein Problem bestimmt ihn denn, derart mit mir umzugehen? Es läuft hinaus auf den sokratischen Standpunkt: Unrecht zu erleiden ist eigentlich gar nicht so schlimm. Unrecht zu tun viel schlimmer. So etwas kann man freilich nur behaupten, wenn man einigermaßen mit Selbstbewusstsein in sich selber gründet, und davon können wir jetzt sagen: Das ist nur möglich in einem Vertrauen in eine Person, die uns unbedingt liebt. Nur von einem absoluten Vertrauen, das uns geschenkt wird, kommt ein solches Selbstvertrauen her. Wir können es uns nicht selber einfach andichten oder anphilosophieren.

Gott in „männlichen" Bildern

Ein solches Vertrauen hat Jesus wirklich ermöglicht und vermittelt, und so sprechen wir dann von dem „Vater" Jesu. An dieser Stelle wird es jetzt freilich beinahe egal, ob wir Gott Vater oder Mutter nennen. Wenn Sie auf Jesaja 49,15 hinweisen, ist das fast identisch mit der Erfahrung Jesu am Jordan. „Aber du bist doch mein Sohn", wird Gott zu Jesus sagen im Moment seiner Taufe. Das erinnert an jenes Wort des Deutero-Jesaja: „Kann denn eine Mutter ihre eigenen Kinder vergessen? Und könnte eine Mutter ihre eigenen Kinder vergessen, ich, Gott, vergesse dich nie." Das heißt: In deinem Leben, Jesus, kann passieren, was will, du hörst nie auf, mein Kind zu sein. Immer werde ich bei dir sein. Es ist unmöglich, dass du mir entraten oder entgleiten könntest. – Wir sind wieder bei dem Versprechen der Offenbarung des Gottes an Mose: Ich werde immer bei dir sein. Und meinem Kindergebet: „Wenn ich dich auch niemals sehe, weiß ich dennoch, du bist hier." Auf diese Zusage und Fürsorge richtet sich alles, was wir mit dem Vaterbegriff bezeichnen.

Ein anderes ist jetzt etwas, das wir im Umfeld der Vatermetapher religionsgeschichtlich weiter interpretieren müssen: Gott tritt im Alten Testament immer wieder auch als Kriegsgott in Erscheinung. Aber ein Kriegsgott, ein Wüterich, ein zorniger Gott, zu dem man allen Ernstes beten kann: Gott der Rache, stehe auf! (Psalm 94,1); zerschmettere die Kinder des Feindes am Gestein! (Psalm 137,9) – das alles sind mögliche Gebete im Alten Testament –, ist ein schrecklicher Vater. Ein Nationalstolz-Vater. Dann sind wir wieder ein Stück bei dem, was G.W.F. Hegel (1770–1831) im Deutschen Idealismus sich eingebildet hat: Gott sei im Grunde ein Volksgeist. Er sei die Verkörperung des Nationalstolzes eines Volkes, das wir verdichten in einer väterlichen Gestalt. Die kann dann heißen, wie sie will: Wotan oder Marduk oder Zeus oder Jupiter. Wir haben in jedem Fall einen Schlachtenlenker vor uns, der als männliche Gottheit unserer Nation zum Durchbruch verhilft. Umso wichtiger ist es festzustellen: All das ist kein möglicher Gedanke im Sinne Jesu. Im Gegenteil, es ist in seinen Augen eine absolute Verleumdung Gottes. Doch gerade diese ist im Christentum wieder auferstanden in der Gestalt des Kaisers Konstantin (306–337). Konstantin glaubte an den Vatergott im Sinne des Schlachtenlenkers. Er erhob sogar Christus in die Position eines Schlachtenlenkers, er setzte ihn in genau die Position ein, die Jesus selber gerade überwinden wollte.

Gott ist wie der Himmel selbst

Rückblickend können wir noch einmal anknüpfen an die Aussage des Glaubensbekenntnisses: Gott ist allmächtig, er ist der Schöpfer von Himmel und Erde. Im Sinne Jesu müssten wir dazu sagen: Natürlich ist er das. Gott hat nie ein einzelnes Volk in Widerspruch zu allen anderen setzen wollen. Alle Menschen sind seine Geschöpfe. Gott ist der Vater, der es regnen lässt über Gute und Böse, der die Sonne aufgehen lässt über Gerechte und Ungerechte (Matthäus 5,45). Gott wird niemals zwischen den Völkern, zwischen den Menschen, zwischen den Klassen, zwischen den Lebensformen Grenzzäune ziehen, um sie voneinander auszusortieren. Gott ist wie der Himmel selber, an dem die Wolken ziehen ohne Grenzen, an dem die Vögel fliegen über 3.000 Kilometer, wenn sie von Norden wieder nach Süden fliegen, um dem Sommer nahe zu bleiben, weil sie nur in ihm leben können.

Dieser Gott, zu dem wir aufschauen wie zum Licht am Himmel, umfasst uns alle, und diese Tatsache steht ganz im Widerspruch zu jenen Festsetzungen: Wir haben den richtigen Gott, wir haben den einzigen Gott, und wir sind sein Volk, und alle anderen müssen eigentlich uns nachfolgen, um Gott zu begegnen. Jesus hat geglaubt wie die Propheten Israels: Wenn wir richtig leben im Glauben an den Gott unserer Väter, dann wird es für die Völker wie die Erleuchtung in der Nacht sein, und der Zionsberg wird zu einem Wallfahrtsort, zu dem sie alle kommen, um dort erleuchtet zu werden zu einer Güte, zu der sie sonst gar nicht fähig wären (Jesaja 2,3). In diesem Sinne war Jesus durch und durch ein Jude, allerdings im Widerspruch zu dem, was oft im Judentum seiner Tage gedacht, geschrieben und geglaubt wurde. Ein tödlicher Widerspruch im Übrigen.

Können wir jetzt sagen, also schaffen wir das väterliche Konnotativ für den Gottesbegriff einfach ab und ersetzen es durch das Wort Mutter? Auch ein solcher Begriffswechsel wäre alles andere als gefahrenfrei. Göttinnen als Mütter hat es in der Religionsgeschichte zahlreich gegeben, selten waren sie einfach friedfertig. Da gab es in Syrien die Anat – sie watete bis zu den Lenden im Blut erschlagener Feinde. Bis vor einiger Zeit haben wir noch geglaubt, wenn wir Frauen an die Macht brächten, dann werde auch besser regiert werden, dann wären die Machos am Ende, und die Frauen brächten ein Zeitalter der Versöhnung und der Verständigung. Jetzt hatten wir in Deutschland drei Frauen an der Macht, die uns aufrüsten auf zwei Prozent des Bruttoinlandsprodukts zur Wiederbewaffnung; wir erlebten das rührige Programm einer Verteidigungsministerin, die in Europa sich dafür einsetzt, dass wir neue und bessere Waffen bekommen, um in Europa unsere Macht zu beweisen. Und wir haben eine Kanzlerin, die nicht davon lassen will, unsere transatlantischen Freunde ihre weltweit 600 Militärstützpunkte verfestigen zu lassen und ihre Atomwaffen zu erneuern. Frauen, wie man sieht, haben keine Garantie auf Menschlichkeit, sie sind auch nur Menschen.

Theologisch ist es wichtig zu wissen, dass der Patriarchalismus einen Fluch darstellt, der sich biblisch als Strafe für den Sündenfall ausspricht (Genesis 3,16). Ursprünglich waren die Menschen, Adam und Eva, berufen, aufeinander zuzugehen, im Jubel des Glücks, einander kennenlernen zu dürfen, den anderen zu entdecken als von Gott zugeführt, nackt sein zu dürfen, ohne Kritik einzuheimsen, sich öffnen zu dürfen mit allen Gefühlen und Geheimnissen, mit allen Intimitäten, um sich in Liebe austauschen zu dürfen im Vertrauen zueinander, weil ein Gott da ist, der im Hintergrund das Leben mitträgt und umgreift (vgl. Genesis 2,25). Dieses Vertrauen im Hintergrund aber zerbricht in der Angst, und in ihr fallen die Menschen auf sich selber zurück. Ohne von Gott getragen zu sein, wird ihnen ihr eigenes kreatürliches Dasein zu etwas Schmachvollem, für das sie sich schämen. Sie machen sich mit Feigenlaub etwas Kleiderähnliches, um ihre Blöße zu verhüllen. Sie haben Angst, dass der andere gerade in die Schwachstellen ihrer Existenz hineinschaut. Auf diese Weise wird aus der Beziehung der Menschen, die bis dahin ein Glück der Liebe war, ein Herrschaftsverhältnis. Jetzt tatsächlich spricht Gott zu Adam, er solle über seine Frau herrschen, er solle sie beherrschen (Genesis 3,16). Der erste Fluch Gottes über den Menschen, der das Vertrauen verloren hat, ist die Beziehung einer solchen Herrschaft. Und umgekehrt: Die Frau wird sich immer sehnen nach einem Mann und sich damit die Qual des Kindergebärens zueignen. Die Natur selber in ihrer Natürlichkeit wird jetzt empfunden als ein strafweises Verhängnis von Schmerzen. So sind die ersten Reden Gottes zu den Menschen, nach dem Zerbrechen des Gottvertrauens.

Das biblische Bild vom Vater und Schöpfer – statt Patriarchalismus

Ein solcher Patriarchalismus ist im dritten Kapitel der Genesis alles andere als selbstverständlich. Er ist das, von dem wir erlöst werden müssen. Und auch so begreifen wir die Person Jesu, die genau diese Liebe zwischen den Geschlechtern wieder möglich machen möchte, indem er uns durch ein neues Vertrauen befreit von der Herrschaft in der Beziehung zwischen Mann und Frau. Nehmen Sie nur die Szene aus Markus 10,2–12: Man kommt zu Jesus und fragt: Darf ein Mann seine Frau entlassen aus beliebigem Grunde? Jesus sagt: Das ist alles von Mose euch nur gegeben, weil eure Herzen versteinert sind (in Angst). Am Anfang schuf Gott die Liebe. Da wart ihr Mann und Frau. So hat es Gott gemeint, und nur weil ihr die Liebe nicht mehr kennt, braucht ihr lieblose Gesetze. Dann erfindet ihr einen Gott, der die Gesetze einer rücksichtslosen Herrschaft der Männer über die

Frauen sogar in seine Verordnung gesetzt hätte – der Mann dürfe die Frau entlassen für irgendeine unehrbare Sache (Deuteronomium 24,1). Das heißt nach der Auslegung der Schule von Rabbi Hillel: Wenn sie das Süppchen hat anbrennen lassen, hat der Mann das Recht, sie zu entlassen. Ihr glaubt dann im Ernst, das sei der Wille Gottes, nur weil ihr die Liebe, die Gott selber ist, nicht mehr versteht.

Noch etwas anderes ist zu bedenken, wenn man an die Stelle des Vatergottes eine weibliche Gottesgestalt, eine Art Muttergottheit setzen möchte. Wir sehen, dass Frauen nicht nur Kriegsgöttinnen sein können, sondern wenn sie als göttliche Energie in der Religionsgeschichte verkörpert werden, dann treten sie vor uns hin als Fruchtbarkeitsgöttinnen. Bei den Griechen in Eleusis etwa wurde die Göttin Demeter verehrt in der Vegetation; sie sorgte für die Fruchtbarkeit im Kreislauf vom Kommen und Gehen in der Natur. Die Mutter Natur ist in dieser Weise gewiss die hervorbringende, aber auch, was meist unterschlagen wird, die zurücknehmende Kraft. Sie ist Geburt und Tod in eins. Sie ist Leben und Vernichtung zugleich; sie ist eine höchst ambivalente Gottheit. Wenn die Bibel von Gott als Vater spricht, meint sie gerade die Widerlegung dieses mythischen Gottesbildes der weiblichen Naturgottheit mitsamt den zugehörigen Vegetationsritualen. Sie setzt Gott ausdrücklich jenseits der Natur und jenseits aller Ambivalenz, und sie nennt ihn ebendeshalb den Schöpfer. Der erste Schöpfungsbericht spricht das sehr klar aus, denn er betont: Alles, was ist, wird eben nicht gezeugt aus der Mutter Natur, sondern es wird geschaffen von einem Gott jenseits der Natur, anders als die Natur in Gestalt einer Mutter es täte (Genesis 2,4). Das meint das Vaterbild Gottes in der biblischen Theologie. Es ist nicht durch ein gendergerechtes Sternchen, wenn wir das Wort Gott schreiben, zu ersetzen.

KAPITEL 4

Ist Gott allmächtig?

MARTIN FREYTAG: „Credo in Deum patrem omnipotentem." „Ich glaube an Gott, den Vater, den Allmächtigen." Das ist eine feste Glaubensaussage im *Symbolum Apostolorum*, dem Apostolischen Glaubensbekenntnis. Hinzu kommen in der christlichen Dogmatik noch die Zuschreibungen an Gott, er sei allgütig und allweise. Dem steht ein gewichtiger Satz von Dietrich Bonhoeffer entgegen: „Gott lässt sich aus der Welt herausdrängen an das Kreuz. Gott ist ohnmächtig und schwach in der Welt. Und gerade und nur so ist er bei uns und hilft uns. Nur der leidende Gott kann helfen." Wie lautet Ihr existenzieller und theologischer Rat, Herr Drewermann?

EUGEN DREWERMANN: Was Bonhoeffer beschreibt, ist vollkommen richtig. Gott ist nicht erlebbar als die gestaltende Macht im Raum der Natur. Er ist sogar nicht einmal erlebbar als die gestaltende Macht in der menschlichen Geschichte. Im vorausgehenden Kapitel noch sagten wir, dass Jesus den richterstrengen Vatergott in der Religion seiner Zeit, in einem Risiko auf Leben und Tod, widerlegen mochte durch eine Güte, die uns Gott zeigt als die Macht, die bedingungslos uns annimmt und liebt, voraussetzungslos, alle Güte überhaupt erst ermöglichend, die aber nicht mit uns umgeht nach Maßgabe erlassener Gesetze: urteilend, aburteilend, strafend, vernichtend. Für dieses Gegenzeugnis ist Jesus hinausgedrängt worden aus seinem eigenen Volk, aus seiner eigenen Religionsgeschichte, eigentlich aus der ganzen offiziellen Geschichtsschreibung. Die Römer und die sadduzäischen Priester im Tempel ließen die Falle zuschnappen. Sie alle wollten gemeinsam nicht länger, dass der Ruhestörer aus Nazaret weiter existiert, dass dieser Anti-Mose, dieser Falschprophet, dieser Satansdiener in irgendeiner Form sich weiter beglaubigt dadurch, dass er Menschen heilt mit seiner Güte. Dass er Kranke heilte, lässt sich nicht leugnen. Aber er hat den Gesetzesbestimmungen widersprochen. Er hat zum Beispiel am Sabbat geheilt. Das zeigt, dass er mit der Hilfe des Teufels geheilt hat, dass er ein Schwarzmagier ist – so dachten die Führer des Volkes (Markus 3,22): Wir müssen ihn vernichten. Und den Römern hat man beigebracht, dass ihre Macht zerbricht, wenn man an Jesus glaubt. Und das stimmt ganz und gar. Der Kaiser kann sein, was er will. Ein Gott ist er sicher nicht. Der Kaiser hat auch keine Rechte, Macht über die Welt auszuüben. Er ist schwach, wenn er Macht gebraucht, um seinen Thron zu festigen. Man muss ihm nur geben, was ihm selber gehört: die Steuermünzen, die er in Umlauf gebracht hat. Das Herz des Menschen aber gehört einzig Gott. Das ist die Antwort

Jesu (Markus 12,13–17). Da gibt es keine Götter mehr, die auf den Thronen säßen, keine Cäsaren mehr, die sich einbilden könnten, ihre Herrschaft auszudehnen durch die Marschtritte ihrer Legionen. Jesus ist gefährlich für die Politik ebenso wie für die Religion in der Art, wie sie gehandhabt werden. Auf eine solche Haltung stand und steht das Todesurteil.

Bonhoeffer hat diesen Zusammenhang nicht gerade so beschrieben, aber geahnt und in der Naziherrschaft genauso als Herausforderung begriffen: entweder Jesus oder diese Art von staatlicher Politik. Entweder die verordnete Barbarei, die sich auf alle möglichen, sogar philosophischen Theoreme zu beziehen glaubt, oder eine Menschlichkeit, die sich auf Jesus gründet. Entweder-oder. Wenn es so steht, kommt zum Tragen, dass wir wirklich Gott für allmächtig halten, dass wir ihn als die bestimmende Kraft in unserem Herzen tragen. Wir bekennen zugleich, dass wir ihn als allweise glauben, weil nur so menschliche Weisheit, Güte, Humanität zur Wirklichkeit gelangen. Sie existieren nicht, außer von diesem Ausgangspunkt her.

Gott als Schöpfer – allmächtig, gütig und weise?

Aus diesem existenziellen Bekenntnis gemacht hat man wieder, durch Dazwischenschalten der gesamten Schöpfung, ein naturphilosophisches Theorem, das ins Unsinnige geht. Man hat Gott vorgestellt als den Schöpfer, der in der Schöpfung seine Macht und Weisheit offenbart; die ganze Welt sei wesentlich nur dafür da, dass Gott einem verständigen Wesen, das wir Menschen sind, sich in seiner Macht und Weisheit und Güte mitteilt, durch die Natur und in der Natur.

Diese Auffassung ist so wenig glaubhaft, dass schon um 300 v. Chr. der griechische Philosoph Epikur (341–270) die Absurdität dieses Konstrukts in einem einzigen Gedanken zusammenfassen konnte: Entweder kann Gott die Schmerzen und die Leiden in der Welt beseitigen, und er tut es nicht, dann hat er keine Güte. Oder er ist gütig und möchte die Leiden und Qualen dieser Welt beseitigen, aber er kann es nicht. Dann ist er nicht allmächtig. Also: Entweder ist er wirklich gütig, dann kann er nicht allmächtig sein. Oder er ist allmächtig, dann kann er nicht gütig sein. Zwei Begriffe, die wir Gott zuordnen, scheitern an der Wirklichkeit der Welt. Sie offenbaren nicht Gott, sondern widerlegen ihn. Gott muss allmächtig, gütig und weise sein. Aber er offenbart sich nicht in dieser Welt. Er wird durch sie widerlegt.

Deswegen müssen wir den Ausgangspunkt vollkommen anders wählen. Konträr zu der gesamten theologiegeschichtlichen Interpretation des eigenen Glaubensbekenntnisses der christlichen Kirchen müssen wir sagen: Gott offenbart sich als Erstes nicht in der Natur; und wir fragen nach ihm auch nicht als Erstes, um zu wissen, wie die Welt entstanden ist; wir fragen nach Gott ursprünglich, um einen Grund und Halt im eigenen Leben zu gewinnen; im menschlichen Herzen offenbart sich Gott als mächtig und als weise; das lässt uns die Botschaft Jesu finden, die sich bezieht auf Gott als unseren Vater. Und so beginnen wir, an einen Gott zu glauben, der hinter allem steht und dem wir dann sogar die ganze Erde anvertrauen können, indem wir standhalten in einer Zuversicht der Geborgenheit, die sich vom Gang der Welt sowie der menschlichen Geschichte nicht widerlegen lässt.

Damit freilich treten wir zugleich ein in die Rebellion Jesu in seinem Nein zur Vergewaltigung und Verwaltung durch die Staatsmacht. Wir treten ein in das Nein zu dem Zwang, mit Gewalt Richter zu spielen über Menschen. Wir verweigern uns der Selbstverständlichkeit, Menschen zu gebrauchen als Instrumente zum Machtgewinn: als Soldaten, Produzenten, Warenlieferanten, als verwaltbare Objekte. Wir stellen uns mit ihm an die Seite derer, die Subjekte sein möchten und es doch nur sein können im Gegenüber einer Liebe, die absolut sein muss. Durch diesen transzendenten, unendlichen, alle Welt überschreitenden Ausgangspunkt kommen wir überhaupt erst dahin, in dieser Welt als Menschen bestehen zu können.

Schöpfungsoptimismus und das Leiden der Lebewesen

Die christliche Verkündigung hat diese zentrale Erfahrung freilich in einer merkwürdigen Selbstgewissheit immer wieder umgedreht. Sie hat sich im Sinne des Alten Testaments in der gegebenen Welt als „Schöpfung" beruhigt und allzu wohlgefühlt. Sie hat das Problem ihrer Schöpfungstheologie nicht einmal sehen wollen. Der erste Schöpfungsbericht (Genesis 1) beharrt ja auch tatsächlich darauf, dass an jedem Schöpfungstage Gott abends gesehen habe, was er schuf, und habe es für gut befunden. Am Ende hat er sogar festgestellt: Es war alles sehr gut (Genesis 1,31). Der einzige Philosoph, der dagegen leidenschaftlich protestierte, war der eingangs schon erwähnte Arthur Schopenhauer. Diese Behauptung, dass alles sehr gut sei, meinte er, sei eine Beleidigung für das Mitleid des Menschen, eine Beleidigung für all die fühlenden Wesen, die in dieser Welt ins Unendliche gequält werden. Und das nicht etwa, weil irgendwas in der Natur mal fehlgelaufen wäre, sondern weil dem ganzen Motor der Natur die Quälerei zugrunde liegt. Es ist ihr innerer Antrieb, der ihr zugrunde liegende Kampf um das Dasein, das *Principium individuationis*. Das ist 1844. Fünfundzwanzig Jahre später schaltet Charles Darwin (1809–1882) sich ein, indem er den leidvollen Umgang der Lebewesen miteinander als Motor der Evolution positiv deutet: Weil ein Tier über das andere herfällt, werden die Sprunggelenke stark, werden die Zähne kräftig, werden die Kauwerkzeuge beißend, werden die Augen hellsichtig in der Nacht, wird die Geschmeidigkeit des Rückgrates geformt. Und weil das alles so ist, sehen wir am Ende das Beste und das Schönste auf Erden hervorgebracht aus dem grausigen Mechanismus der Auswahl der Fittesten. Zu sagen aber, genau das sei Gottes Weisheit und Güte, ist absolut unmöglich.

Dieses Problem stellt sich in jeder Schule. Die Kinder und Jugendlichen lernen heute im Darwinismus die Welt kennen, wie sie „wirklich" ist, vermittelt durch Biologie, Chemie und Physik. Doch dann sollen die Schüler und Schülerinnen in der Stunde darauf hören, dass die Welt sehr gut sei – eine wunderbare Welt –, und zu sprechen sei als Lobgesang: Wir danken dir, lieber Gott, dass alles so schön geschaffen wurde von dir; dass du die Weintrauben hast reifen lassen, weil der Wein so schön schmeckt; dass du die Ähren reifen lässt auf den Feldern, damit wir Brot bekommen. – Wohl, wir können danken dafür, dass wir existieren, denn wir sind alles andere als selbstverständlich oder notwendig in dieser Welt. Wir verdanken uns Gott. Dessen sich bewusst zu werden, ist sehr wichtig, denn dadurch überhaupt erst wird für uns die Welt zur Schöpfung. Aber wir sollten nicht in die schlichte Wohlfühltheologie verfallen, die das, was wir Natur nennen, mit einem Gott verbindet, der alles gemacht hätte zu unserem Wohl und Vorteil. Mit einem solchen Denkansatz verstehen wir nicht, warum die Frau, die wir lieben, gerade an Brustkrebs erkrankt – und sie ist erst 45 Jahre alt. Mit einem solchen Denkansatz verstehen wir nicht, warum das Kind, das gerade erst zehn Jahre alt ist, Leukämie bekommt. Oder warum die Natur durch ein Retrovirus, von dem wir nicht mal wissen, ob es wirklich lebendig ist oder nur ein organisches

Kettenmolekül wie HIV, Millionen Menschen durch Aids hinwegreißt, indem es durch Zerstörung des Immunsystems den Organismus öffnet für jede beliebige ansteckende Krankheit. Das alles verstehen wir nicht als Güte Gottes. Wir verstehen es allerdings nur zu gut im Getriebe der Natur: So arbeitet sie, so läuft sie ab. – Oder nehmen wir den Grundvorgang der Evolution. Ihr ganzer Fortschritt basiert auf vielen Kopien im genetischen Apparat, die Abschreibfehler darstellen, und im Verhältnis von eins zu zehn hoch minus sechs, von eins zu einer Million, wird Leid dabei und Unglück geschaffen, um einmal vielleicht für einen individuellen Organismus einen Überlebensvorteil zu kreieren. Die Genetik der Mutationen ist ein unglaubliches Würfelspiel mit unendlichen Summen von Qual, damit herausgequält wird, was wir höher sich entwickelndes Leben nennen.

All das lernen unsere Schulkinder in Biologie. Und was lernen sie in Theologie? Immer noch die Anschauung des Barockzeitalters, wie schön doch die ganze Welt sei. Dieser alttestamentliche Schöpfungsoptimismus passt in keiner Form in das moderne Bewusstsein. Er spaltet vielmehr die Köpfe zwischen Wissen und Glauben und züchtet Unglauben. Da, wo wir den Glauben dringend brauchen würden, um einer gottfernen Natur standzuhalten und einer längst von Gott entfremdeten Geschichte im Namen Jesu gegenüberzutreten, müssen wir unbedingt den wahren Ausgangspunkt wiederfinden und richtig justieren. Sonst hat die Religion heute keine Chance.

KAPITEL 5

Gott im Angesicht des menschlichen Leidens

MARTIN FREYTAG: Herr Drewermann, keine Rede von Gott, also keine Theologie, die sich nicht mit dem unsäglichen Leiden der Menschen quer durch die gesamte Geschichte konfrontiert sieht. Sie haben am Ende des vorausgehenden Kapitels schon ansatzweise davon gesprochen. Diese Konfrontation tritt auf in Gestalt der sogenannten Theodizeefrage. Also der Rechtfertigung Gottes angesichts des menschlichen Leidens. Nicht wenige Theologinnen und Theologen halten sie für die zentrale Frage des Glaubens und der Theologie überhaupt.

EUGEN DREWERMANN: Das Erstaunliche an den Theologen ist für mich, dass sie sich immer nur mit dem Leiden der Menschen beschäftigen. Da hätte Schopenhauer ihnen immerhin seit 170 Jahren die Augen öffnen können. Das menschliche Leid ist nicht ein Extra in der Natur. Es ist die Normalität. Alle Lebewesen leiden aneinander, ineinander. Und das trifft auch auf uns zu, weil wir Teil dieser Natur sind. Da bilden wir absolut keine Ausnahme. Allenfalls, dass wir durch den Gebrauch unserer Vernunft in Kenntnis der Naturzusammenhänge Auswege schaffen können, die dann medizinisch, hygienisch, operativ, chirurgisch, wie auch immer, ein wenig Leid mildern können. Zumindest sind wir heute zum Beispiel im Besitz von Morphium und können Schmerzen lindern, wenn nicht das Drogenmittelgesetz die Anwendung durch die Ärzte zu sehr einschränkt.

Die Frage der Theodizee sollte nicht anthropozentrisch uns immer wieder selbst in den Mittelpunkt stellen. Sie ist die Infragestellung der gesamten Schöpfungsordnung. Insofern könnten wir Epikur sogar noch ein Stück ausdehnen: Es sind nicht nur zwei Begriffe, die wir als Attribute Gottes einsetzen, Güte und Allmacht; hinzu kommt der Begriff der Weisheit. Diese drei Begriffe stehen allesamt gegeneinander. Wir können sie einfach mit Bezug auf die Welt einmal verrechnen.

Noch einmal: Gott – allmächtig, gütig und weise?

Erweitern wir den Gedanken Epikurs folgendermaßen: Nehmen wir an, Gott wäre weise, im Sinne von hochintelligent, berechnend, planend, verantwortlich, und er wäre allmächtig; die Welt wäre also genau so, wie er sie sich in seiner Planung gedacht hätte. Dann entspräche eine solche Weltsicht fast exakt dem Bild, das die Naturwissenschaftler sich, wenn sie überhaupt metaphorisch oder ironisch von

Gott reden, anempfehlen. So dachten tatsächlich viele, von Albert Einstein bis Stephen Hawking: Wir kommen dahinter, was Gott sich gedacht hat, als er die Welt schuf, wenn wir die Naturgesetze vom Ursprung her erklären können, vom Urknall bis heute, kohärent. Wenn wir das vermöchten, dann verstünden wir Gott. Wir sähen ihn in seiner Allmacht, und wir könnten ihn würdigen in seiner Weisheit. Und alle Naturwissenschaftler würden niedersinken in Dankbarkeit, sie hätten es geschafft. – Die Idee geht zurück auf Galilei (1564–1642). Die Mathematik, meinte er, übrigens angeregt durch Platon (428/27–348/47) und Augustinus, sei die Sprache Gottes in der Natur. Einstein konnte dazu sagen: Listig ist der Alte, aber nicht bösartig. Und so meinte er, seine allgemeine Relativitätstheorie von 1915 stelle schon einen Schritt hin zu einer Theorie von allem, einer *theory of everything*, dar, ein Begreifen des Ursprungs durch das Denken der Gedanken, die als Gesetze der Welt zugrunde liegen. Auch Stephen Hawking ist fest davon überzeugt gewesen, dass mit Hilfe von Physik „Gott" selbst erklärt wäre. Die Voraussetzung für diese Überzeugung ist, dass Gott und die Natur ein und dasselbe sind. Diese pantheistische Philosophie vertrat im 17. Jahrhundert der jüdische Weisheitslehrer Baruch Spinoza (1632–1677): Gott oder die Natur – beide Worte hielt er für austauschbar. Die Gedanken, die in den Naturgesetzen liegen, stellten für ihn die eigentliche Offenbarung Gottes dar. – In dieser Weise hätten wir also Weisheit und Macht in Gott vereint. Doch was wir gerade deshalb sehen, ist die absolute Gefühllosigkeit des Alls, seine restlose Ungütigkeit, seine vollkommene Kälte, mit der es auf die Geschöpfe herabschaut, ohne Hilfe, ohne Beteiligung, ohne irgendein Mitempfinden. Das freilich ist die Auskunft der Naturwissenschaft in ihrer besten Form, wenn je sie religiös sich noch verlautbaren möchte. Und daran scheitert alles. Denn das Entscheidende fehlt: Liebe und Mitgefühl. Diese so erklärte Welt widerlegt Gott. Da hat Epikur absolut recht. Das, was da erkannt wird, kann nicht Gott genannt werden. Seine Macht und Weisheit schließen die Güte aus. Die Mathematik der Physik kennt weder Leid noch Mitleid. – So in etwa konzipiert der große Mathematiker und Philosoph Gottfried Wilhelm Leibniz (1646–1716) in seiner „Theodizee" von 1710 die Theorie, dass diese Welt die beste aller möglichen Welten sei, denn nur eine solche habe Gott als das allervollkommenste Wesen auswählen und erschaffen können: Man denke sich, meinte er, nur irgendeines der „Übel" in der Welt fort, dann wäre die Welt nicht besser, sondern es gäbe sie gar nicht mehr. Erdbeben sind schlimm, aber auf einer kalten Erde wäre gar kein Leben. So ist es, wenn mathematische oder physikalische Weisheit gebietet.

Drehen wir es anders. Wir stellen uns einen Gott vor, der wirklich gütig und mächtig ist. Sofort wollten wir ihm da behilflich sein und ihm sagen: Eine gütige Welt – wir helfen dir mal, wie sie eingerichtet wird. Wir sprechen nur von dem, was wir selber brauchen. Wir vermeiden Leid. Lieber Gott, handle wie ein Arzt, wie ein Therapeut, wie jemand, der uns beisteht. Du hast die Macht, und du kannst es. – Alle Gebete strömen eigentlich in diese Richtung. Und dann erleben wir, dass die Welt ganz anders ist. – Dann müssten wir sagen: Wenn Gott allmächtig ist und gleichzeitig gütig und er erschafft diese Welt, dann gebricht es ihm offenbar an Vernunft und Weisheit. Er hat sich grandios vertan. Er wollte Güte und hat nicht bedacht, wie sie zustande käme. – Das ist so ähnlich, wie wenn eine Mutter ihre Kinder falsch ernährt. Sie tut alles, was sie kann, und sie hat die Kinder lieb, die aber kriegen lauter Schmerzen und Leiden, weil ihre Mutter nicht weise ist. Sie hat keine Ahnung von richtiger Ernährung. Ein solch unvernünftiger Gott aber ist kein Gott. Wenn seine Güte und Allmacht in Anbetracht der Welt die Vernunft ausschließen, widerlegt der Schöpfer sich selbst in seiner Schöpfung.

Die dritte Variante: Wir stellen uns Gott vor als jemanden, der gütig wäre und weise. Er konzipiert also wie am Reißbrett eine Welt, die wunderbar wirken würde und in der alles, was geschaffen ist, glücklich wäre. Das Zusammenspiel untereinander wäre nicht wie Hund und Katze, sondern wie im Paradies, wie es Jesaja sich mythisch vorstellt: Das Schaf kann lagern beim Wolf, und das Kind spielt am Otterloch (Jesaja 65,25). Eine Welt der Harmonie wäre das, was er sich gedacht hätte in seiner Weisheit und was er gewollt hätte in seiner Güte. Wie aber kommt es dann zu dieser Welt? Offenbar war er ohnmächtig zu erschaffen, was ihm vorschwebte. Seine Güte und Weisheit schließen in Anbetracht der Welt die Allmacht ihres Schöpfers aus.

Auch das freilich erklärt die Kirche – wir kommen gleich noch auf die Idee der Existenz des Teufels zu sprechen. Das theologische Argument der relativen Ohnmacht Gottes lautet: Gott hat alles gut gemacht. Aber dann kam eben ein Widergeist dazwischen und hat die Welt durcheinandergebracht. Erkennbar ist dieses Theorem eine Verlegenheitsauskunft der Theologie, um zu erläutern, warum die Welt ist, wie sie ist. Die Aussage lautet: Gott hat dem Teufel Spielraum gegeben. Wir sollen also immer noch glauben, Gott sei allmächtig, nur habe er in Freiheit aus Gründen, die wir nicht verstehen, seine All-macht für eine gewisse Zeit begrenzt und damit dem Teufel die Bühne für seinen Auftritt gegeben. Aber ein Gott, der einen Widersacher zu-lässt, kann nicht allmächtig sein. So verschiebt sich die Theodizee-frage lediglich ins Mythologische. Auch darauf werden wir noch kommen.

Wir müssten jetzt zusammenfassend einfach feststellen: Die drei Prärogative, mit denen wir Gott wesensnotwendig bezeichnen, schei-tern an der Wirklichkeit der Welt. Also können wir nicht Gott in sei-nen drei Haupteigenschaften als fertigen Begriff verwenden, um von daher die Wirklichkeit der Welt zu erklären und den Schöpfungs-gedanken als Glaubensinhalt festzuschreiben. Wir müssen umgekehrt an Gott glauben, wie er wirklich ist, um der Welt, wie sie wirklich ist, standzuhalten; abgeleitet von einem metaphysischen Gottesbegriff werden wir weder Gott noch die Welt verstehen. Aber wir können hin auf Gott uns selbst in der Welt durchhalten. So ist die Bewegung wirklich. So gewinnen wir selber von Gott her Vertrauen in Güte und Weisheit und das Vermögen, so auch zu wirken.

Theologie nach Auschwitz

Martin Freytag: Ist denn dann so etwas wie eine „Theologie nach Auschwitz", wie sie vor allem von Johann Baptist Metz entwickelt wurde, überhaupt möglich?

Eugen Drewermann: Das eine ist, dass es mich Wunder nimmt, wieso nur Auschwitz die Theologen derart aufregt. Zur gleichen Zeit, von 1941 bis 1945, haben wir 25 Millionen Sowjetbürger ermordet, indem unsere Großdeutsche Wehrmacht Frauen und Kinder in die Steppe jagte im Winter und ihnen die Häuser über dem Kopf anzün-dete. Wäre das nicht auch mal ein Grund, darüber nachzudenken, was menschliche Geschichte ist? Freilich, dann müssten wir prinzi-piell gegen Krieg und militärische Rüstung eintreten, dann müssten wir die Soldateska aller Staaten beseitigen, dann müssten wir in der BRD die Bundeswehr abschaffen, die ein Verfassungsorgan ist; wer so spräche, wäre wie Jesus ein Verfassungsfeind, er verlöre als Professor der Theologie augenblicklich seinen Lehrstuhl und sein C4-Gehalt. So ist es doch kein Wunder, dass kaum je ein Theologe das ganz normale Training zum Töten von Menschen auf Staatsbefehl in jeder Rekrutenausbildung als Gotteslästerung erklärt. Es klingt paradox: menschenverachtende Gewalt ist überall.

Die Shoah hat allerdings theologisch ein ganz besonderes Gewicht dadurch, dass es das jüdische Volk ist, das uns seinen Glauben, seine Bibel, seinen Gott geschenkt hat – das Jesus hervorgebracht hat. Und darin kondensiert sich vieles; auch innerhalb des jüdischen Glaubens kommt es zu einer erschütternden Tragödie. Denn: Der jüdische Glaube, außerhalb der alten pharisäischen Tradition, hat nicht in sich zentral aufgenommen den Gedanken der Unsterblichkeit, der Auferstehung. Das ist etwas, das zum Teil aus dem Erbe der alten Ägypter und der Griechen in die biblische Religion eingeflossen ist und das im Alten Testament noch an keiner Stelle in der nötigen Form ausgestaltet ist. Geglaubt wird im Judentum im Grunde nur an diese Welt. An die Auserwählung des Volkes. An die Kinder, die Abraham geschenkt werden, so zahlreich wie der Sand am Meer und die Sterne am Himmel (Genesis 12,3; 13,14–15; 22,17; 28,14). Das alles hält sich in der Perspektive irdischer Hoffnungen und Erwartungen. Da also muss Gott eingreifen. Dafür muss er etwas tun. Das ist jüdischer Glaube. Doch jetzt: Wenn wir nur diese Basis der irdischen Existenz haben, dann ist ein solcher Glaube wirklich zentral gefährdet, dann ist er widerlegt, wenn das Volk der Erwählung so schrecklich heimgesucht wird wie durch die Shoah. Hätte da Gott für sein Volk an dieser Stelle nicht unbedingt rettend eingreifen müssen? Und wenn er das nicht tut, hat er sich dann nicht endgültig widerlegt? War dann nicht alles falsch?

Auch hier jetzt gilt: Wir können die Geschichte nicht von Gott her als Fügung ableiten, sondern ihr nur im Vertrauen auf Gott standhalten, indem wir ihre Grausamkeiten nicht akzeptieren. Der Glaube an Gott ist nicht die Erklärung der Geschichte, weder des Menschen noch der Natur. Er ist die Widerlegung dieser Geschichte. Und darin bestünde unser Auftrag. Doch dazu brauchen wir eine Perspektive, die über die Geschichte ins Unendliche hinausreicht und damit auch über das Alte Testament entscheidend hinausgeht.

Damit hinfällig wird ein zentraler Gedanke des sogenannten deuteronomistischen Geschichtswerkes im Alten Testament, das all die Schrecknisse, die dem Volke Gottes zugefügt wurden, interpretiert als ein Vexierspiel von Belohnung und Strafe. Es kommt über Israel Furchtbares. Die Assyrer vernichten das Nordreich (8. Jh.). Die Babylonier vernichten Judäa und verbrennen Jerusalem (6. Jh.). Warum das alles? Die Antwort in diesem Geschichtsverständnis lautet: Gott bleibt gerecht. Gott bestätigt sich darin, indem er bestraft. Das Volk Israel ist untreu gewesen. Und jetzt muss Gott die Assyrer, muss Gott Nebukadnezzar II. wie einen Hammer in die Hand nehmen und dreinschlagen, indem er strafend vernichtet. Selbst die Katastrophen, die Israel erfährt, sind mithin die Folgen der gerechten Strafe und des gerechten Eingreifens Gottes in die menschliche Geschichte. Nicht der Gott Marduk siegt 587 in der Vernichtung Jerusalems, sondern der Gott Jahwe selber hat Nebukadnezzar bestellt, um Jerusalem zu vernichten. So soll das interpretiert werden.

Der Prophet Jeremia:
Vergebung den Schuldigen!

Dieses Deutungsschema geht in der Bibel schon nicht mehr auf. Und es ist nach Auschwitz überhaupt nicht mehr anwendbar. Das stimmt. Die ganze Vorstellung ist falsch. Derjenige, der das als Erster gewusst hat, war im 6. Jahrhundert v. Chr. der Prophet Jeremia. Es gibt in seinen Tagen nichts mehr zu zerschmettern. Die ganze Idee eines Gottes, der die Schuldigen bestraft, der Gerechtigkeit erwirkt durch Dreinhauen, der eingreift, um die menschliche Geschichte zu ordnen, stellt sich dar als eine vergangene Mythologie. Was soll denn noch bestraft werden? Es gibt keinen Tempel mehr, in dem man Gott anbeten könnte. Es gibt keine Priester mehr, die zu Gott beten könnten. Es gibt keine Opfer mehr, die dargebracht werden könnten, um Gott zu versöhnen. Es gibt keine heilige Tradition mehr, die man gültig verlesen könnte und die uns erklärt, wie Gott sich mitgeteilt und offenbart hat. Die Gesetze am Sinai, geschrieben auf Stein, haben die Menschen nie eingehalten. Die ganze Interpretation der Religionsgeschichte Israels bis zum Jahre 587 v. Chr. ist am Ende. Die Katastrophe ist endgültig. Der Untergang Jerusalems ist auch das Ende der bisherigen Theologie. Und in Jeremia 31,31ff lesen wir nun, dass Gott sich völlig neu zeigt. Gott selbst ist nicht am Ende. Am Ende ist ein Bild von Gott, das, wie sich jetzt erzeigt, im Grunde nie gestimmt hat und in seinem Scheitern Gott endlich richtig offenbart: Gott schreibt nicht von außen, diktatorisch wie am Sinai, unter Wolkendonner und Blitzekrachen (Exodus 19,16), auf Stein gemeißelt seine Gesetze.

Was Jeremia da sagt, ist das Gegenteil von allem, was man bisher mit Gott verbunden hatte. Vergebung, schreibt Gott in das Herz eines jeden Menschen, Vergebung den Schuldigen! Gott schließt einen

Neuen Bund mit seinem Volk, mit allen Menschen (Jeremia 31,31–34). Da sind wir bei genau dem Gottesbild, auf dem Jesus fußen wird. Wir sind an dieser Stelle übrigens auch dabei, den Grund zu benennen, weswegen man in Matthäus 16,13–14 auf die Frage: Wofür halten mich denn die Menschen?, antwortet, manche dächten, du bist ein zweiter Jeremia. Damit gemeint ist der neue Bund, von dem Jeremia spricht, auf dem das ganze Christentum ruht. Damit einher geht eine völlige Änderung des Gottesbildes, des Geschichtsverständnisses, des Schöpfungsverständnisses. Wann endlich, muss man sich fragen, begreifen wir uns selber als der neue Bund des Jeremia?

Ein Hauptproblem liegt darin, dass im Alten Testament, so wie es denn verschriftlicht wurde im babylonischen Exil, Jeremia mit seiner neuen Sicht kaum noch vorkommt. Man kehrt zurück zu dem alten Nationalstolz eines Gottes, der sein Volk gegen die Völker stabilisiert und zur Macht bringt. Und wenn der Messias kommt mit der Größe Davids, wird er die Völker richten und wird Jerusalem als Machtzentrale seiner Größe einsetzen. Man fällt in dieser Theologie zurück in den enttäuschten alten Glauben und projiziert ihn umso größer bis ins Fantastische hinein in eine Zukunft, die nie kommen wird, die aber mit sehr irdischen, national besetzten Verheißungen gefüllt ist. Auf diese Weise ist die Botschaft des Jeremia erledigt. Doch gerade dadurch eröffnet sich den Christen und ihrer Geschichte von Kaiser Konstantin im 4. Jahrhundert n. Chr. an die Möglichkeit, alles fortzusetzen, was auch national bezogen in Israel geglaubt wurde, doch neu verbunden mit dem Messias (Christus) und damit sogar polemisch gegen das Volk gerichtet, aus dem Jesus kam. Wir begreifen innerhalb des Judentums nicht die Tragödie, die einen Jeremia hervorbringt und einen Jesus allererst ermöglicht. Aber das müssten wir endlich, indem wir alle äußeren, rein irdischen, innergeschichtlichen Hoffnungen drangeben und den Bezug zu Gott ganz und gar verinnerlichen, wie schon Jeremia. Jesus fügte dem den unbedingten Glauben hinzu, dass wir für die Wahrheit Gottes alles riskieren können und müssen, weil Gott uns nicht im Tode lassen, sondern zu seinem Leben auferwecken wird.

Gott als Verursacher des Leids oder als Beistand im Leid

MARTIN FREYTAG: In die Theodizeefrage könnte sich, zumindest teilweise, ein Verdacht einschleichen. Fungiert Gott hier nicht als Sündenbock für all das, was wir hier auf Erden selber verschuldet haben? Es gibt ja Vorschläge, statt von Theodizee von Anthropodizee zu sprechen.

EUGEN DREWERMANN: Das ist natürlich richtig. Immer lautet die Frage der Pastoren vorschnell, warum ist dies und das passiert? Und ihre Antwort: Weil das Volk das so gewollt hat, indem es sündigte und Gott es strafen musste. In dieser Antwort liegt der Anfang von allem Atheismus.

Der Dichter Georg Büchner (1813–1837) konnte das sagen: „Das Leid der Welt ist der Fels des Atheismus." Genau so ist das. – Büchner konnte zum Beispiel erzählen in einem kleinen Novellenfragment von dem Dichter Jakob Lenz (1751–1792). Der suchte voller Verzweiflung den Pfarrer Oberlin im Steintal auf, um bei ihm Halt zu finden in seiner Angst, in seiner Psychose. Da sieht er, wie ein Kind in einer der armseligen Katen stirbt. Und er betet, wie er Jesus hat sprechen hören beim Tod der Tochter des Jaïrus: Mädchen, ich sage dir, steh auf (Markus 5,41). Aber das Kind ist tot. Und es bleibt tot. Und Lenz, rasend, flieht hinein in die Dunkelheit der Nacht. Es ist ihm, als müsste er die Hand zum Himmel ausstrecken und den Mond herunterholen. Als müsste er die Welt verschlingen und Gott vor die Füße speien. „Wenn ich Gott wäre, ich würde retten", sagt er zu Oberlin und weist hin auf den stummen Schrei, der durch die ganze Welt geht.

Was aber ist die Auskunft eines Pfarrers darauf im alten Sinn der Theologie? Was wird sein, wenn er einem Trauernden am Grabe seiner Frau erklärt, Gott habe das so gewollt? – Vor einer Weile noch sagte mir eine Frau, die über ein Jahr miterlebt hatte, wie ihr Mann dahinsiechte, wohlbegleitet vom Hospiz, in der Palliativmedizin, in bester Versorgung: Wenn es einen Gott gäbe, hätte er das nicht zugelassen. – Das in der Tat ist der Grund des Atheismus. Ein derart verkündeter Glaube ist unglaubwürdig. Er widerlegt sich an jeder Stelle, wo eine wirkliche Krise einsetzt. Denn in dem Sinn greift Gott nicht ein, hilft Gott nicht. Die ganze Erwartung ist falsch. Und dann wird noch gesagt, Gott hat dies und das selber gemacht oder angeordnet. Statt solcher falschen Sicherheiten müssten wir ein Gottvertrauen lehren, das uns hilft, standzuhalten in den Krisen. Dazu aber müssten wir aufhören, wissen zu wollen, was Gott sich gedacht hat, als dies und das passierte. Wir stehen nicht an seiner Stelle.

Der Irrtum der Theologen ist es, dass sie die Offenbarung der Bibel so nehmen, als wenn man sie gar nicht mehr symbolisch deuten müsste, sondern als Sachmitteilung oder Selbstoffenbarung Gottes wörtlich zu nehmen hätte. Durch seine Offenbarung wissen wir dann, was Gott sich gedacht hat. Wir können dann mit Gott von Gott her auf die Menschen herunter Gott denken und erklären. So stehen wir nun selber als Theologen am Throne Gottes und schauen von oben herab und können die Weltereignisse interpretieren mit Hilfe der Offenbarung Gottes, die er uns gegeben hat. Für diese Naseweisheit aber ist die Botschaft Jesu völlig ungeeignet. Da steht an keiner Stelle, wie Jesus Gott als Schöpfer und Geschichtenlenker offenbart. Er tut das in Jesu Augen allein durch seine Güte, durch seine Menschlichkeit, durch sein Vertrauen, aber nicht, indem wir Gott die menschliche Verantwortung übertragen und erklären: Wenn Gott es will, dann hat es halt den Ersten oder den Zweiten Weltkrieg gegeben; dann hat es die Sturmflut gegeben. Gott wird sich schon dabei etwas gedacht haben.

Solche Auskünfte hatten wir noch vor Kurzem. Die Sturmflut 1962 in Hamburg, die über 200 Menschen in den Tod riss, war also ein Strafgericht für die Reeperbahn. Es gab wirklich Theologen, die diesen Unfug redeten. Oder die Aids-Krankheit vor allem im liberalen Kalifornien ist die Strafe Gottes für sexuelle Unmoral. Das haben wir noch gehört vor ein paar Jahren von einem Bischof hier in Deutschland. Man kann nur sagen: Diese ganze Theologie, diese ganze Denkart ist ganz und gar obsolet.

Warum ging uns das „Paradies" verloren? …

Was aber machen wir Menschen in unserer eigenen Geschichte? Das ist die wirkliche Frage. Dass wir anders handeln, als Gott es gemeint hat, – in dem Punkt können wir sicher sein. Die Lieblosigkeit der Strafidee aber, selbst wenn sie im Gesetz des Mose verankert ist, kann nicht als Wille Gottes gelten. Das wusste Jesus anders. Das wusste bereits Jeremia anders.

Doch nun müssten wir ein Stück weiterdenken. Warum ist der Zustand, den wir als eigentliche Schöpfungswirklichkeit – jetzt nicht biologisch, sondern existenziell – mit dem Paradies umschreiben, verloren gegangen? Die Sündenfallerzählung (Genesis 3,1–7) kommentiert es symbolisch mit der Gestalt der Schlange dahin, dass wir in lauter Angst am Ende das Vertrauen in Gott verloren haben. Die Geschichte vom Sündenfall ist ein eigener Stoff, den wir hier nicht länger ausführen können; doch das Ergebnis ist klar: Die Menschen wachen auf in einer Angst, die alles verändert.

An dieser Stelle ist es hilfreich, einen Vergleich zwischen Theologie und Biologie einzufügen. Beides sind Fächer in der Schule. Da lernen Kinder und Jugendliche auf der einen Seite, dass wir Menschen eine Fülle von Triebbedürfnissen aus dem Tierreich übernommen haben – bereits Schimpansen können Kriege führen. Eine Gruppe kann die andere ausrotten. Wir sehen in Dokumentarfilmen, wie sie das Gesicht eines gegnerischen Affen auf einem Stein zermalmen. Und das sind unsere nächsten Verwandten. Ganze zwei Prozent an Genunterschieden trennen uns von ihnen und ganze sechs Millionen Jahre Evolutionsgeschichte. Da also kommen wir auch psychologisch her. Nun werden Biologen sagen: Was wundern wir uns, dass die menschliche Geschichte so aussieht? Wir haben vielleicht eine gewisse Ahnung, wer wir als Menschen sein könnten. Aber davon sind wir meilenweit entfernt.

Es kommt dazu, dass unsere Antriebe, Aggression und Sexualität, auf tierischem Hintergrund verständlicherweise oft recht störend den Kulturprozess in Frage stellen. Monogamie zum Beispiel ist etwas offenbar recht Schwieriges. Es gibt Tierarten, die wirklich monogam sind, Graugänse zum Beispiel. Aber Schimpansen sind es nicht. Und Menschen sind es offenbar wohl auch nicht. Für Biologen ist da kein Problem, uns ein Stück Kulturgeschichte zu erklären. Und neben der Sexualität das Thema Aggression. Immer wieder propagiert wie selbstverständlich wird die Verteidigungspolitik, die Kriegsbereitschaft auf Befehl. Sie wird stets damit gerechtfertigt, dass Menschen halt so sind. Wir sind wohl immer noch mehr Schimpansen als Menschen oder lediglich Schimpansen mit etwas Vernunft.

An dieser Stelle ist der Hintergrund der Bibel und der sogenannten Sündenfallerzählung überaus erhellend. Konrad Lorenz (1903–1989) hat versucht, die Aggression aus dem Tierreich als das sogenannte Böse hinzustellen und dementsprechend zu würdigen. Aggression, meinte er, sei nicht nur schlecht. Sie führt zum Beispiel bei Überbevölkerung dazu, dass Gruppen aggressiv ganze Teile von sich ausgrenzen und wegschicken; die bevölkern dann andere Biotope und schaffen neue Rassen. Aggression ist an sich also nicht schlimm. Aber wenn die Vertriebenen sich ausbreiten, fallen Menschen im Kampf um Territorien übereinander her und führen Krieg. Ganz wie unsere Primatenverwandten.

Was bei Konrad Lorenz nicht steht und in der Biologie auch nicht fassbar wird, ja nicht einmal in der Neurologie zentral thematisiert wird, ist das Bewusstsein des Menschen, das Erwachen zu sich selbst, die eigentliche Menschwerdung im Geiste, die zu all den Fragen führt, die wir am Anfang erörtert haben, insbesondere zu dem Problem der radikalen Kontingenz, der Überflüssigkeit des Daseins, der jederzeit möglichen Infragestellung der individuellen Existenz. Das alles hat einen einzigen Begriff: Angst. Das Wort werden auch die Biologen und Verhaltensforscher gerne aufgreifen. Natürlich, werden sie sagen, gibt es Angst bei Tieren. Wir selber könnten sie nicht fühlen, wenn sie nicht in unseren Gehirnen kodiert wäre. Sie ist aber im Säugetiergehirn bereits voll ausgeprägt. Nur ist da ein Unterschied: Tiere haben Angst in bestimmten Gefahrenaugenblicken. Das hat einen guten Grund: Die Natur hat überhaupt kein Interesse, ihre Lebewesen ständig in Angst zu halten. Es wäre in Bezug auf den persönlichen Energiehaushalt auch völlig unklug. Also werden Tiere Angst nur situativ erleben und rasch sich danach beruhigen; wenn das Kaninchen vor dem Hund entkommen ist, wird es sehr bald wieder ruhig dasitzen, und seine Angst ist verraucht; es hat ja überlebt. So ähnlich denken wir auch. Wir sehen einer Katastrophe zu mit dem gruseligen Behagen, dass wir davongekommen sind.

... Und wie gestalten wir unsere Sicherheitspolitik?

Das Entscheidende bei uns Menschen ist nun, dass das Bewusstsein, das wir haben, imstande ist, Gefahrensituationen vorherzusehen. Wir sind jetzt wohl einer Gefahr entkommen, aber wir sind uns bewusst, dass keine Gefahr endgültig gebannt ist. Sie wird wiederkommen, und alles ist möglich: Hunger, Krankheit, Beutegreifer, Katastrophen – Gefahren aller Art im Raume der Natur sind möglich. Also werden wir Menschen darüber nachdenken, wie wir uns gegen mögliche Gefahren sichern können. Die Angst des Menschen wächst so ins Unendliche und damit auch das Sicherheitsbedürfnis.

Die größte Gefahr in der Natur ist allerdings nicht die Natur, sondern ein anderer Mensch. Kein Wolf kann einem Menschen so gefährlich werden wie ein anderer Mensch. Wenn Tiere kämpfen, akzeptieren sie das Ergebnis auch einer Niederlage. Der Schwächere kann überleben, wenn er weiß, wer der Stärkere ist, und er wird sich fügen. Nicht so ein Mensch. Der weiß, wenn er gegen den anderen einmal verliert, wird er immer verlieren. Er wird immer ein Verlierer sein. Also muss er sich, weil er ein Mensch ist, gegen die Niederlage auflehnen. Und er wird nachdenken: Warum war ich unterlegen? Ich hatte schlechtere Waffen. Das ändert sich beim nächsten Mal. Ich habe den Angriffsvorteil falsch kalkuliert. Das wird mir nicht wieder passieren. Ich habe das Gelände falsch eingeschätzt. Das wird sich ändern beim nächsten Mal. Das alles weiß aber nicht nur der Unterlegene, das weiß auch der Siegreiche. Der besiegte Feind wird gefährlicher zurückkommen, weil er ein Mensch ist. Das Beste daher ist, ihn endgültig zu besiegen, also ihn gleich zu töten. Dann ist die Gefahr jedenfalls dieser Person aus der Welt geschafft.

Es sind nur wir Menschen, die lernen, dass man Gefahr und Angst beherrschen kann durch eine solche endgültige Antwort, durch die Tötung eines potenziellen Gegners. Deswegen lebt in unseren Köpfen unendlich viel mehr Angst als in allen anderen Lebewesen. Niko Tinbergen (1907–1988), ein holländischer Verhaltensforscher, konnte das vor Jahrzehnten mal so sagen. Kein Lebewesen sonst hat gelernt, mit dem Tod so umzugehen, dass aus lauter Angst das Töten als Lösung empfunden wird. Wir Menschen schon. Deshalb sind wir in der merkwürdigen Situation, dass wir die Angst, die es bereitet, in dieser Welt Bewusstsein zu haben, entweder auf paranoische Weise durch ständig sich ausdehnende Angstgewärtigung und Angstverbreitung zu lösen suchen oder eine Antwort finden im Vertrauen auf einen Hintergrund jenseits dieser Welt. Nur so lässt es sich vermeiden, im Bewusstsein dieser Welt verrückt zu werden. Was bei Tieren funktioniert, funktioniert bei uns Menschen überhaupt nicht. Wir brauchen, mit uns allein gelassen, eine „Sicherheit" bis hin zur Atombombe, bis hin zur Wasserstoffbombe oder bis zur Neutronenbombe. Wir müssen Millionen Menschen in Sekunden töten können, damit uns aus dem Weißen Haus mitgeteilt werden kann, es sei für Sicherheit gesorgt. Das alles ist der helle Wahnsinn, es war aber so 40 Jahre lang im Kalten Krieg.

So verstehen wir auch noch heute das Wort Sicherheitspolitik. Wir konservieren die Angst mit den Drohgebärden permanenten Tötens, statt Vertrauen so zu bilden und einzusetzen, dass die Angst des einen Menschen vor dem anderen sich aufheben könnte. Zu diesem Zweck müssten wir miteinander sprechen. Wir müssten wissen, dass der andere genauso viel Angst vor uns hat wie wir vor ihm. Schon wie Menschen sich ansehen, wie sie schauen und reden, zeigt, dass sie sich Angst machen müssen, indem sie die eigene Angst zu lösen versuchen durch Angstverbreitung. Dieser Teufelskreis kann nur durchbrochen werden durch ein Vertrauen, das die Angst besiegt. Das wäre der Anfang einer wirklichen Menschwerdung. Dann kehrten wir zurück zu dem, was im Bilde des Paradieses hätte gemeint sein können. Dann hätten wir Gott wiedergefunden als gütigen, weisen und mächtigen Schöpfer. Wir verstünden unser Leben aus seiner Hand: geborgen, getragen, Angst beruhigend, den Tod überwindend, Aggressionen erübrigend, miteinander umgehend als Menschen, die erlöst sind.

Der Mensch ist frei, zu entscheiden und zu handeln zwischen Gut und Böse?

MARTIN FREYTAG: Theologisch wird auch immer wieder gesagt: Gott kann nicht in Haftung genommen werden, denn er hat uns als freie Menschen erschaffen. Und wir selber entscheiden in unserem Handeln über Gut und Böse. Da könnte man jetzt bis in die Genesis zurückgehen, bis in die biblische Urgeschichte mit ihrem vielschichtigen Mythos vom Garten Eden, dem Sündenfall und dem Brudermord von Kain an Abel (Gen 2,4b–16). Aber sind wir Menschen denn wirklich so frei und selbstbestimmt, wie das eine hochgemute und hochmütige Moderne vollmundig annimmt? Zumindest bis an die Schwelle der Erkenntnisse der aktuellen Hirnforschung.

EUGEN DREWERMANN: Unsere ganze Ethik geht davon aus, im Erbe der Griechen schon, dass wir binär denken dürften oder polar zwischen Gut und Böse, also dass wir die Welt einordnen könnten in einer einfachen Übersicht in alternativen Zuordnungen, so wie in der Optik zwischen hell und dunkel oder in der Thermodynamik zwischen heiß und kalt. Hinzu kommt das Axiom, dass wir Menschen uns für frei genug halten, um zwischen diesen beiden Extremen willentlich wählen zu können. Wir glauben also, einen Willen zu besitzen, der imstande wäre, sich für das Gute, aber auch für das Böse zu entscheiden. Dieser Gedanke ist tragend schon bei der Erziehung unserer Kinder. Wir werden ihnen sagen: „Mein liebes Mädchen, mein lieber Junge, du kommst jetzt in die Schule, also pass auf. Wenn du das

Gute tust, wenn du aufpasst, gehorsam bist, fleißig lernst, dann wirst du nicht allemal belobigt. Für anständige Menschen ist es selbstverständlich, das Richtige zu tun. Wenn du aber das Böse tust, wenn du faul bist, wenn du unaufmerksam bist, wenn du den Lehrer ärgerst, gehörst du bestraft. Das ist Gerechtigkeit. Der Lehrer wird dich züchtigen und Maßnahmen ergreifen. Du weißt, was gut und böse ist. Wenn nicht, dann helfe ich gerne noch mal nach." So gehen wir mit den Kindern um, und erst recht mit den 18-Jährigen, jenseits des Jugendstrafrechts, mit den straffällig Gewordenen etwa. Vor Gericht ist dieselbe Logik am Werke: Der Mensch ist frei, und er hat sich selbst in der Wahl zwischen Gut und Böse für das Böse entschieden. Dadurch hat er ein Verbrechen begangen, und so wird er entsprechend den Gesetzen bestraft.

An diesem ganzen Weltbild stimmt etwas nicht, behaupte ich. Wir haben gerade darüber gesprochen, wie mächtig Angst sein kann, wie sie unsere Geschichte beherrscht, wie sie zum Beispiel die Rüstungsindustrie durchzieht und wie sie die Politik bis zum Absurden destruktiv macht. Wir könnten auch darauf hinweisen, wie die Wirtschaft auf der Nordhalbkugel Nahrungsmittel anhäuft, bis sich die Regale biegen, nur um nicht verhungern zu müssen; dabei nehmen wir in Kauf, dass auf der Südhalbkugel jährlich 50 Millionen Menschen verhungern oder dass Tausende von Menschen im Mittelmeer ertrinken. Angst macht egozentrisch und rücksichtslos, und die Rücksichtslosigkeit und brutale Gewalt wird stets begründet mit Sicherheit gegenüber unserer Angst. Diese Angst macht uns völlig unfähig zu einer Güte, die aufnahmebereit und fähig wäre zu teilen. Dass es so ist, fühlen wir in uns auch, aber es schafft keinen Raum der Veränderung, weil wir Angst haben. In aller Öffentlichkeit zeigt sich damit, dass wir so lange nicht wirklich frei sind, solange wir in Angst leben. Es zeigt sich sogar noch viel Schlimmeres daran, nämlich dass wir im Ghetto der Angst Gut und Böse uns so zurechtlegen, wie es uns passend erscheint. Vermeintlich ist es dann richtig, dass Menschen im Mittelmeer ertrinken oder nach Libyen zurückgebracht werden, von wo sie gerade fliehen wollten. Ja, es soll uns egal sein, wie viele da ertrinken. Wir haben nämlich Gesetze wie das Schengen-Abkommen und die Dublin-Regelung. Europa darf deshalb gar nicht außerhalb seiner selbst für andere offenstehen. Wir brauchen deshalb Militär, um Flüchtlinge, die durch unsere Kriegsführung in ihren Ländern nicht leben können, abzuhalten, nach Europa zu kommen. In solcher

Angst richten wir uns eine Welt ein, die wir erst jenseits der Angst als verbrecherisch erkennen werden. Es ist ein Dauerwahnsinn.

Schauen wir, um das zu verstehen, etwas ausführlicher zurück auf die 40 Jahre Kalter Krieg von 1949 bis 1989. Alles, hat man uns beigebracht, müssen wir tun: Wir müssen die Bundeswehr aufrüsten, wir müssen stark sein, wir müssen Bündnisse mit den Amerikanern schließen, wir müssen Atomwaffen haben und auf unserem Boden einsatzbereit halten. Wir müssen vorne verteidigen können, und dazu brauchen wir alles, was zum Töten irgend tauglich ist. Der Erste Weltkrieg hat uns nicht genügt, dass man mit Panzerketten über Menschen herfuhr, dass man mit Flammenwerfern in die Schützengräben ging, dass man mit Dauerbombardements Menschen ausrotten ließ, dass man Giftgas einsetzte. Das hat alles nicht genügt. Wir müssen vielmehr aus Gründen der Sicherheit noch viel schlimmer gegeneinander vorgehen. Der Zweite Weltkrieg brach aus. Auch das hat uns nicht zur Vernunft gebracht. Wir hatten seitdem den Kalten Krieg. Wir müssen rüsten, rüsten, rüsten. Siebenhundert Milliarden, heute noch, im Jahr 2019, geben wir für die Rüstung aus, nur in den USA. Dreihundert Milliarden zahlt zusätzlich die NATO. Über eine Billion Dollar verschwenden wir somit für die Sicherheit des Westens. Für unsere Politiker scheint das ganz normal, dass dabei Menschen vor Hunger sterben, während zugleich die Natur erstirbt. Das alles hat nur einen Grund: dass wir unsere Angst mit Angstverbreitung statt mit Angstverarbeitung erträglich zu halten suchen. Von Freiheit ist da keine Rede, es sei denn, sie erwüchse aus Vertrauen.

Will jemand wirklich Böses tun?

Und jetzt: Warum sollten wir diese allgemeinen Einsichten nicht gerade auch im Umgang miteinander geltend machen? Will denn jemand wirklich Böses tun? Was steht im Hintergrund eines wirklichen Verbrechens? Wie viel Hilflosigkeit, wie viel Suche nach Liebe herrscht da an einer Stelle, wo sie nie gefunden wurde? Wie viele Minderwertigkeitsgefühle überschwemmen das Ich in einer Weise, dass damit kein Leben möglich ist? Wie viel bewirkt das Zusammenbrechen in Verzweiflung über die Scheinaufbauten von Leistung, von Geltung, von Hochmut? – Wir müssten die Menschen zu verstehen suchen, wenn sie etwas wirklich Falsches tun. Ihre Gefühle müssten uns interessieren. Dann freilich hätten wir alsbald die allergrößten Zweifel, dass sie in Freiheit etwas Böses wählen. Hinter allem Bösen stehen starke Motive, die sie dahin bestimmen, kaum anders handeln zu können.

Auch die Neurologie hilft uns an dieser Stelle nicht weiter. Natürlich können wir feststellen, wann die Amygdala tätig ist, wie Angst kodiert wird im Hypothalamus – so etwas lässt sich abbilden. Aber die wirklichen Gründe der Angst erscheinen nicht im Magnetresonanztomografen-Bild. Heute sehen wir wohl, wie das Gehirn arbeitet, indem wir die Wärmeverteilung durch die Konzentration der Versorgung der Hirnzellen durch Blut live beobachten können. Aber was sich geistig darin abbildet, ist kein Teil der Neurologie. Menschen in ihrer Angst sind nicht krank, weil sie ein verkehrtes Gehirn hätten. Sie sind krank durch Probleme, die sie haben, weil sie über ein höchst funktional richtiges Gehirn verfügen. Doch womöglich sind sie mit Fragen belastet, auf welche die ganze Natur nicht antwortet. Deshalb brauchen wir unbedingt den Glauben an Gott, um klarzukommen. Erst dann wären wir imstande, mit Gut und Böse in einer gewissen Freiheit umzugehen. So wäre es ganz im Sinne Jesu: Wir sähen in dem sogenannten Täter ein Opfer seiner inneren seelischen Dynamik, seiner Triebe, seiner Ängste, seiner Hilflosigkeit. Wir müssten ihn fragen, was in ihm vorgegangen ist – so wie wir im Neuen Testament eigentlich mittelbar Jesus Kain fragen hören, was in ihm vorging, als er Abel, seinen Bruder, erschlug.

Wir erinnern uns: Kain konnte nicht glauben, ein Ansehen vor Gott zu haben, erzählt diese Geschichte vom ersten Mord in Genesis 4,1–12. In einer solchen Stimmung der Abgelehntheit unternimmt Kain alles, damit Gott ihn doch ansieht. Er hat seine Nahrung verbrannt auf dem Altar, damit Gott auch ihn beachtet. Es ist sein Grundgefühl: Gott sieht alle an, nur mich nicht; und das liegt daran, dass der andere da ist, auf dem alles Ansehen ruht. Wenn es den nicht gäbe, wäre nur ich da, den man ansehen könnte. Also: Bringe ich den anderen um, dann fällt der Blick Gottes unweigerlich auf mich. Nur bin ich dann ein Mörder. – Die Frage an Kain müsste lauten: Warum kannst du nicht glauben, dass du durchaus nicht so sein musst wie dein Bruder Abel? Dein Bruder steht überhaupt nicht besser da als du. Die ganze Vorstellung, Gott akzeptiere dich nur für Leistung, für Opfer, für abgebüßte Schuldgefühle, ist schon verkehrt im Ansatz. Gott möchte, dass du bist, Kain. Ich will in dir gar keinen anderen als dich. Du musst dafür keine Opfer darbringen. Die Idee bereits ist völlig verkehrt, ich liebte dich nur für dargebrachte Leistungen. Hör damit auf, dich an anderen zu messen, Kain. Genieße ein bisschen, dass du leben darfst – dass die Rosen blühen und das Korn wächst und dass du das Getreide, das du säst, eines Tages ernten und in die Scheune fahren kannst. Das alles ist nicht selbstverständlich. Es sieht zwar so aus, als ob die Natur dir das ermöglichte, aber die Tatsache, dass du lebst, solltest du umformen in ein Vertrauen gegenüber mir, deinem Schöpfer. Du bist berechtigt, zu leben in deiner Art, Kain.

Solche und ähnliche Worte bildeten die Rezeptur, einen Mörder bei der Hand zu nehmen und aus dem Gefängnis seiner selbst zu entlassen. Wir müssten den Mörder Kain fragen, was in ihm vor sich ging, als er seine Tat vollbrachte. Stattdessen sitzen wir zu Gericht und wissen, er ist bösartig, hinterhältig, vorsätzlich, ein Überraschungstäter: Er erschlägt seinen Bruder auf offenem Felde. Fünfzehn Jahre Gefängnis mindestens stehen in unserem BRD-Strafrecht darauf. Doch im Gefängnis wird man nicht besser, sondern schlimmer.

Ein „gefühlloses Monster"?

MARTIN FREYTAG: Ich stelle eine Zusatzfrage, Herr Drewermann. Gerade in diesen Tagen, da wir dieses Interview führen, entsetzt ganz Deutschland der Fall eines jungen, 28-jährigen Mannes aus Voerde, der eine 34-jährige Passantin aus reiner Mordlust auf die Schienen gestoßen hat. Sie kommt dabei ums Leben. Gibt es Taten, gibt es Schuldverfehlung, die auf menschlicher Ebene überhaupt noch vergeben werden können?

EUGEN DREWERMANN: Das eine ist: Je schrecklicher das ist, was Menschen tun, desto erklärungsbedürftiger ist es, desto mehr bedarf es eines genauen Hinsehens, was inwendig passiert ist. Wir schalten beim Anblick eines Verbrechens meist kurz. Wir sehen das Schreckliche und verlangen die Strafe. Wir denken dabei natürlich an die Opfer und an die Angehörigen. Und wir nehmen die Justiz dann als eine Art sozialer Ersatzpsychotherapie in Anspruch. Wir erwarten eine Gesundung des Opfers, wenn es sieht, wie der Täter gequält wird und auch er leiden muss. Mahatma Gandhi (1869–1948) hat dazu schon gesagt: Diese Welt, Auge um Auge, Zahn um Zahn, macht am Ende alle Menschen blind und zahnlos. Es vermeidet nicht das Leid. Es setzt das Leid nur in die zweite Potenz. Eine solche Reaktion verdoppelt alles, anstatt es zu mildern. Wenn es stimmt, was in den Zeitungen steht – ich kann es nicht beurteilen, die Journalisten wahrscheinlich auch nicht –, dann hätten wir vor uns jemanden, dem es nicht viel ausmacht, einen Menschen in den Tod zu stoßen. Das wird eine bestimmte Zeitung, die in Hamburg erscheint, natürlich auf die Titelseite bringen: „Gefühlloses Monster". So etwas und Ähnliches habe ich oft genug in dieser Zeitung lesen müssen.

Nehmen wir an, sie hätte recht, diese Zeitung: Wir hätten wirklich einen gefühllosen Menschen vor uns, der uns wie ein Monster vorkäme. Dann müssten wir nur ein wenig Entwicklungspsychologie an den Fall heranlassen und uns fragen, wie es denn möglich ist, dass ein Kind aufwächst, ohne Gefühle zu lernen. Die Erklärung auf diese Frage ist sogar relativ präzise zu geben. Es ist das Alter um ungefähr acht Monate, dass Kinder anfangen, sich eine *theory of mind* zu bilden. Sie entdecken, dass es ein Vorteil ist, wenn sie sich in die Gefühle ihrer Mutter hineinfühlen können. Dann ist sie besser berechenbar, dann weiß das Kind, wie sie reagieren wird. Einfühlung ist eine wichtige Überlebensstrategie für ein Kind. Dem Kind werden Gefühle dementsprechend auch vermittelt. So lernt es, die Gefühle der Mutter zu beachten, so wie diese ihrerseits seine Gefühle beachtet. Das Kind lernt, den Austausch von Gefühlen zu verstehen und sie teilweise zu kontrollieren. Es unterdrückt unliebsame Gefühle und lernt, sich anzupassen. Auch die Art der Gefühle, an welchen Stellen Angst sich lohnt, wenn man die Liebe der Mutter zu verlieren droht, wird bewusster. So wird gelernt, an welchen Inhalten man bestimmte Gefühle festmachen soll. Oder man entwickelt Gefühle, die abstoßend sind, weil sie etwas Ekliges oder Unfeines signalisieren. Diese Lernprozesse ereignen sich in einer Übergangszeit, in welcher solche Gefühle kodiert werden.

Nehmen wir nun einmal an, es herrschte gerade in dieser Zeit das, was Psychologen eine affektive Mangelzufuhr nennen, eine vollkommen gefühlsarme Umgebung; es tauchten sogar Probleme des Hospitalismus auf: Das Kind wird vernachlässigt; es wird irgendwo abgestellt, wo es nicht hingehört; es ist alleine, und es lernt nicht wirklich, wie man fühlt. Dann muss man sagen, dass diese sensible Phase, in der man Gefühle lernen könnte, nicht so durchlaufen wird, wie es eigentlich richtig wäre. Unser Gehirn arbeitet so, dass nicht alles gleichzeitig gelernt wird, sondern stufenmäßig nacheinander. Sprache zu lernen, beginnt mit etwa anderthalb Jahren. Mit etwa sechs Jahren haben wir den ganzen grammatikalischen Apparat unserer Muttersprache bereits ausgefiltert und gelernt; wir müssen gar nicht mehr nachdenken, um korrekte Sätze zu bilden. Wir lernen zudem ständig Vokabeln dabei und haben Übung in der Grammatik. Das alles kann komplexer werden, aber im Grunde haben wir den generativen Apparat der Grammatik in uns. Nie mehr danach werden Sie so genau eine Sprache erlernen. Jede andere Sprache wird immer eine Fremdsprache bleiben, selbst wenn wir noch so gut dabei sind.

So auch jetzt mit den Gefühlen. Wenn sie zur richtigen Zeit nicht richtig vermittelt werden, bleiben sie schadhaft für immer. Stellen wir uns jetzt einmal Menschen vor, die nicht gelernt haben, sich in die Gefühle anderer hineinzudenken. Sie wissen nicht, wann sie dem anderen Angst machen, wann der andere zu ihnen freundlich ist oder wann er ärgerlich ist, wann man ihn wütend macht oder ihn zum Kollegen gewinnt. Es herrscht eine ständige Unsicherheit; alle Menschen erscheinen als Rätsel im Gefühlsbereich. Charles Darwin konnte sagen, Gefühle hätten überhaupt nur den Sinn, als Signalaustausch in der Körperwahrnehmung unter Artgenossen zu fungieren, sodass der eine ungefähr weiß, woran er mit dem anderen ist, und kalkulieren kann, was passiert, wenn er so wie bisher weitermacht. Wenn genau diese Fähigkeit aber nicht erlernt wird, haben wir Kinder vor uns, die ständig irritiert sein werden. Sie werden unsicher sein und mit Aggressionen antworten.

Das ist identisch damit zu sagen: Dieser fünfjährige Junge ist höchst gefährdet. Er braucht dringend einen Schutzraum. Wenn er den aber nicht findet? Nehmen wir an, er kommt als Migrant nach Deutschland, wo ihm alles noch fremder wird. Dann ist er bald als ein typischer Islamist eingestuft, dann gehört er nicht hierher, und wir verstoßen ihn. Wäre es möglich, jener 28-Jährige hätte die Frau in den Tod gestoßen, weil er selber sein Leben lang ausgestoßen wurde?

Wir begreifen nichts, wenn wir solche Fragen nicht stellen. Wir begreifen nicht einmal, dass die Furchtbarkeit eines Verbrechens allemal Zeugnis gibt über die Hilflosigkeit eines Menschen bis zurück in seine frühe Kindheit. Wir wollen es nicht begreifen, weil Urteilen für uns einfacher ist. Furchtbar ist, was Menschen tun. Aber wie viel Furchtbares ist ihnen angetan worden, und wie viel Furchtbares geht in ihnen vor sich? Das ist die eigentliche Frage im Sinne Jesu im Umgang mit den vermeintlich freiwillig zu Verbrechern Gewordenen.

KAPITEL 6

Gott, Schöpfer des Himmels und der Erde

MARTIN FREYTAG: Am Beginn des Glaubensbekenntnisses wird eine dritte Aussage über Gott getroffen: „Schöpfer des Himmels und der Erde." Dieses Bekenntnis ist unmittelbar abgeleitet vom ersten Satz der Bibel: „Im Anfang erschuf Gott Himmel und Erde" (Genesis 1,1). Das erste Vatikanische Konzil hat 1870 mit durchaus dogmatischem Anspruch formuliert, Gott könne mit Hilfe der menschlichen Vernunft aus der Natur, aus der Schöpfung heraus als deren Schöpfer mit Sicherheit erkannt werden. Trägt die Natur also an allen Ecken und Enden die Signatur des Schöpfers an sich, die wir leicht erkennen könnten, wenn wir es nur wollten?

EUGEN DREWERMANN: Das Erste Vatikanum 1870 hat das wirklich so gesehen. Es hat zu dem, was Sie zitieren, sogar noch hinzugefügt, dass wir Gott erkennen können durch den Kausalsatz. Das heißt, man gab sich absolut sicher in der thomistischen Tradition der Gottesbeweise, Gott rational demonstrieren zu können – im Widerspruch zur Naturwissenschaft, die mit Darwin damals gerade um sich griff. Wie in den Tagen des Kopernikus und des Galilei stand wieder einmal das kirchliche Lehramt in der Interpretation der als göttlich geoffenbarten Bibel gegen die Naturwissenschaften. Die Theologen wussten vermeintlich, was in der Natur geschieht, und die Naturwissenschaftler hatten ihnen zuzuhören. Es war historisch wohl der vorletzte Versuch, noch einmal so zu tun, als wenn wir von Gott her als dem Schöpfer in seiner Schöpfung Bescheid wüssten. Das kam freilich noch einmal vor, im Jahr 1950, als Pius XII. mit seiner Enzyklika „Humani generis" die Biologen, die Evolutionsforscher, die Paläontologen wissen ließ, dass es wohl Hinweise schon gebe, dass der menschliche Körper aus tierischen Vorfahren entstanden sei – Darwin hatte also nicht ganz Unrecht. Aber der Papst fügte hinzu, die Entstehung der Seele sei nicht erklärbar, außer durch Gottes schöpferisches Wirken von Fall zu Fall. Alles, was Körper ist, habe sich aus dem Tierreich entwickelt. Doch aus dem Tierreich seien der menschliche Verstand, die menschliche Seele nicht erklärbar; Letztere werde in jedem Zeugungsaugenblick speziell von Gott geschaffen und in das körperliche Gebilde eingesetzt, das durch die Evolution aus der Tierreihe angeboten werde. So schrieb der Papst noch 1950. Er behauptete eine Trennung von Körper und Seele, an die kein heutiger Neurologe mehr glauben wird. Das lief schon damals auf eine Eskamotierung, auf das vergebliche Weginterpretieren der Verhaltensforschung hinaus, die längst im Gange war und erforschte, wie die Seele der Tiere sich mit der Psychologie der Menschen verbindet. Das Erstaunliche ist, wie die Enzyklika des Papstes als Lehrschreiben an die Welt gerichtet werden konnte. Die ganze Theologie geriet mit ihrer Denkweise absolut an das Ende ihrer Kompetenz und Glaubwürdigkeit.

„Im Anfang" und „schuf Gott" – hebräisches Weltverständnis und Urknall-Theorie

Beginnen wir also von vorne. Der erste Satz der Bibel ist allgemein bekannt: „Im Anfang schuf Gott Himmel und Erde." Das steht hebräisch wörtlich so da. Aber man müsste es denn auch hebräisch verstehen. „Im Anfang" heißt hebräisch nicht historisch im Anfang. Gleichwohl werden wir durch das Wort „Anfang" dazu verführt, die Zeitreihe zurückzurechnen, sagen wir bis zum Urknall, und dann wissen wir, was Gott da gemacht hat. Dann schuf er halt durch den Urknall das ganze Universum. Ich bin überzeugt, es gibt nicht wenige Religionslehrer, die solch ein Konstrukt denn auch als Kompromissvorschlag im Religionsunterricht verwenden. Der Urknall, sagen sie, könne ja nur sein, weil Gott ihn gesetzt habe. Das heißt dann: im Anfang. Und so ging es weiter. In den Zwanzigerjahren erkannte der schon erwähnte Edwin Hubble (1889–1953), dass sich die Milchstraßen voneinander entfernen. Die Rotverschiebung hatte er beobachtet, mithin die Veränderung der Wellenlänge, und er erklärte sie mit der wachsenden Distanz zwischen den Galaxien. M31, der Andromeda-Nebel zum Beispiel, der uns am nächsten benachbarte Milchstraßenkomplex, wurde von ihm zwar in der Entfernung unterschätzt – er liegt, wie wir heute wissen, bei etwa 2,2 Millionen Lichtjahren; so viel Zeit also braucht das Licht, um vom Andromeda-Nebel zu uns zu kommen. Das sind enorme Entfernungen. Aber nun führte die Entdeckung der Rotverschiebung zu der Idee, dass sich das Weltall ausdehnt wie ein Luftballon, auf dessen Außenhaut die Galaxien aufgemalt sind. Und sie treiben immer mehr auseinander. Wenn das so ist, muss die Welt einen Anfang gehabt haben, bei dem einmal alles zusammen war. So kam es zu der Theorie des Urknalls. Es muss von einer unendlichen, unbeschreibbaren Dichte, einer Singularität, ausgegangen werden, um das ganze Weltall physikalisch erklären zu können.

Diese physikalische Idee gab damals den Theologen Auftrieb. Der Jesuit Georges Lemaitre (1894–1966) dachte, es sei dann doch möglich zu begreifen, wie Gott wirkt. Die Welt hat einen Anfang. Und das bedeutet, die Endlichkeit der Welt ist physikalisch beweisbar. Nichts entsteht durch Nichts. Alles, was entstanden ist, hat einen Anfang gehabt, und dieser kann nicht in dem, was dann begonnen hat, liegen. Er muss davor liegen. Vor allem aber ist nur Gott. Es war das erste Mal, dass die Theologen dachten, wieder aufatmen zu können: Die Naturwissenschaft selbst scheinbar beweist uns Gott mit dem Urknall. Das wurde entsprechend denn auch gelehrt, und so interpretierte man jetzt den Satz: „Im Anfang schuf Gott Himmel und Erde." Was man nicht begriffen hatte, ist die Tatsache, dass „im Anfang" hebräisch nicht „im Anfang" heißt. Es ist nicht die Vorstellung einer Zeitreihe, die Gott irgendwann begonnen hätte; „Anfang" bedeutet so viel, wie „wesentlich", „von Grund auf"; und so müsste man die Sprache der Bibel an dieser Stelle übersetzen und verstehen: Nicht *in principio*, im Anfang, sondern *a principio*, vom Ursprung her, vom Wesensgrund aller Dinge her hat Gott die Welt geschaffen.

Und schon sind wir bei einem zweiten Irrtum. „Hat Gott geschaffen" – könnte sich so anhören, wie es die Deisten in der Philosophie des 18. Jahrhunderts dachten: Gott ist kein stümperhafter Uhrmeister, er hat das ganze Getriebe der Natur, die Newton'sche Mechanik, so eingerichtet, dass es von selbst, ohne Korrekturbedürftigkeit, immer so weiterlaufen kann. Das heißt: Gott hat geschaffen; damit also hat er aufgehört, noch in den Gang der Welt einzugreifen, im Unterschied zum Bibelglauben. Dass Gott die Welt geschaffen hat, bedeutet, dass die Vollendung der Schöpfung vor unseren Augen liegt und Gott im Grunde sich zur Ruhe setzen kann. Am siebten Tage, steht ja auch in der Bibel, musste Gott nur noch zusehen, was er gemacht hatte (vgl. Genesis 2,3).

Doch genau das ist nicht das biblische Weltbild. Wir müssen den ersten Satz der Bibel anders interpretieren; der Satz wird und wurde theologisch zweifach falsch verstanden. „Im Anfang" ist nicht im Anfang, und „schuf Gott" ist im Hebräischen eine vollendete Handlung, aber nicht das, was es in indogermanischen Sprachen als Perfekt zu formulieren gäbe. Es ist nicht fertig; wir müssen vielmehr das so Gewordene in die Gegenwart setzen: Wesenhaft schafft Gott alles, was ist; der Grund, dass überhaupt etwas ist, ist Gott selbst.

Doch auch hier noch drohen Missverständnisse. Denn gemeint ist nicht ein zeitlicher Schöpfungsakt, sondern eine wesenhafte, überzeitliche Begründung des Seins, eine zeitlose Gegenwart in Antwort auf das Problem der inneren Nicht-Notwendigkeit, der Kontingenz von allem, was ist. Klassisch formuliert wird das Problem mit der Frage: Warum ist etwas und nicht vielmehr nichts? Der Gedanke ist einfach und wird für jeden Schüler, jede Schülerin an folgendem Beispiel verständlich:

Wir sitzen hier an einem Tisch. Dieser Tisch war nicht immer. Wir wissen genau, es gab eine Zeit, in der er in der Schreinerei hergestellt wurde, sagen wir: vor fünf Jahren. Das ist mit uns selbst nicht sehr viel anders. Wir kamen zur Welt vor 16 Jahren, 50 Jahren, 70 Jahren, und es wird sehr bald schon eine Zeit kommen, in der wir nicht mehr sind. Der Tisch hier erklärt sich nicht aus sich selbst, unsere eigene Existenz erklärt sich nicht aus sich selbst. Gar nichts erklärt sich aus sich selbst. Alles, was uns umgibt, ist ableitbar von einem anderen, das es verursacht hat. Es trägt den hinreichenden Grund dafür, dass es existiert, mithin nicht in der Notwendigkeit seines Seins. Deshalb ist es zufällig. Dass es da ist und wie es ist, sein Dasein und sein Sosein, lässt sich letztlich nur durch ein Wesen erklären, das die Notwendigkeit seines Daseins wesenhaft in sich trägt. Genau das aber ist die Definition Gottes in der Metaphysik: Gott ist das Wesen, das aus sich selbst heraus existiert, das den Grund seines Seins in sich selbst trägt beziehungsweise das die Ursache seiner selbst ist. Die Ableitung von allem anderen geht hingegen zurück auf den einen und einzigen Anfang, der Gott selbst ist. Damit schloss sich der Kreis der Theologie: Gott als der absolut Notwendige ist der Grund für alles Nicht-Notwendige. Gott begründet die Kontingenz, die sich aus sich selbst nicht erklärt, indem er als Schöpfer alles erklärt.

Logisch ist gegen diese Argumentation nichts einzuwenden. Das mögliche Missverständnis aber beginnt mit dem Reden vom Anfang. Der war, wie gesagt, in den Zwanzigerjahren und eigentlich im Bewusstsein bis heute identisch mit dem sogenannten Urknall. Also ist in der Schule oft die Frage: Woran glaubst du – dass Gott die Welt geschaffen hat oder an den Urknall? Die Kompromissantwort haben wir schon zitiert: Gott hat halt dann den Urknall geschaffen. Das Problem aber liegt darin, dass kein Physiker akzeptiert, irgendetwas sei geschehen, das wir nur erklären könnten, indem wir Gott dafür als Ursache einsetzen. Immanuel Kant (1724–1804) bereits hat das klar gesehen in der „Kritik der reinen Vernunft": Jede Kausalreihe lässt sich ins Unendliche fortsetzen. Alles, was erklärt werden will, hat eine Ursache, die als Wirkung einer anderen Ursache das Erklärungsbedürftige erklären könnte, und diese Kausalreihe lässt sich endlos fortsetzen. Oder aber man bricht das mit etwas Unerklärlichem ab, das wir dann Gott nennen. Gott als das Unerklärliche, als das nur sich selbst Erklärende, stünde dann am Anfang der gesamten Kausalreihe. Beides ist ohne logischen Widerspruch denkbar; was aber am Anfang steht, ist in keiner Weise mit logischen Mitteln beweisbar. Die Naturwissenschaften aber denken rein kausal: Wenn sie etwas Unerkläriches einfügen würden, um etwas Unerklärbares erklären zu können, widersprächen sie sich selbst; doch wenn sie etwas damit erklären, dass sie die Erklärungsreihe endlos fortsetzen, erklären sie auch nichts und enden ebenfalls im Unerklärlichen, indem sie etwa eine unendliche Anzahl von Multiversen annehmen; der Urknall war dann gar kein Urknall, sondern nur ein Übergang im Kommen und Gehen der Welten.

Gottesfrage existenziell: Was trägt uns eigentlich?

Also müssen wir damit einverstanden sein, dass unsere naturwissenschaftliche Erklärung auf ein Paradox stößt. Das besteht, bezogen auf den Urknall, darin, dass gleich zwei Annahmen möglich sind. Warum soll nicht das ganze Weltall selbst Gott sein? Das war der Gedanke Spinozas. Es gibt überhaupt keinen Schöpfer von außen. Der Schöpfer ist das Weltall selbst. Manche Mystiker sagen denn auch so: Gott schafft sich selbst, er entwickelt sich selbst mit der Entwicklung der Natur. Denn er ist ja die Natur. So könnten wir mit Spinoza fortfahren. Aber das wäre keine Theologie. Es wäre lediglich eine Art von pantheistischem Materialismus, eine Art von Atheismus mit religiös klingenden Begriffen – ein Mystizismus. Dagegen könnten wir setzen, dass der Urknall von Gott gesetzt sei; als solcher aber bleibt er unerklärbar, denn was soll vor dem Beginn der Zeit, vor dem Beginn der Materie gewesen sein? Ein Physiker, der jetzt die Auskunft von den Theologen einholt, das könne eben nur Gott sein, kann eigentlich seine Aktenmappe schließen. Er hört definitiv auf, ein Physiker zu sein. Er wird rein methodisch mit seiner Antwort nie zufrieden werden. Also stellt sich wie bei Kant die Frage: Gott oder die Physik? Methodisch ist das ein Entweder-oder. Das muss auch endlich den Theologen deutlich werden. Sie können nicht in die Kausalreihe irgendwie als erklärenden Grund Gott als die oberste Wirkursache einfügen. Das wäre ein Bruch der Logik, ein Methodenabfall, eine Unkorrektheit im Denken.

Diese Überlegungen lassen uns den Satz „Im Anfang schuf Gott Himmel und Erde" noch mal ganz anders lesen. Was gemeint ist, müssten wir zurückführen auf die Gottesfrage, die sich in unserer Existenz bildet: Was trägt uns eigentlich? Was ist der Wesensursprung von allem? Es muss dich geben, weil ich möchte, dass du bist, das sagt Gott zu uns in Johannes 1,1, wenn es da heißt: Im Anfang war das Wort. Das ist fast konträr zum ersten Satz des Alten Testaments formuliert. Nicht: Im Anfang schuf Gott Himmel und Erde, sondern: Im Anfang war das Wort.

Wir müssten jetzt beide Korrekturen noch mal einbringen. Der Anfang ist nicht ein zeitlicher Anfang, sondern die wesentliche Grundlage für dein eigenes Selbstverständnis. Insofern war nicht ein Wort im Anfang, sondern es ist das Wort der Wesensgrund von allem. Grundlegend für deine ganze Existenz ist, dass Gott mit dir redet, dass er mit dir reden möchte, dass er dich als Gegenüber will. Das begründet alles in deinem Selbstverständnis; es begründet dein Dasein nicht mit der Angabe einer einzelnen physischen Verursachung, sondern es benennt metaphysisch die Grundursache von allem.

Doch jetzt, sehr wichtig: Ohne Widerspruch wäre es metaphysisch möglich, diese letzte Ursache im Universum selbst zu sehen, wie es nicht wenige heute tun, indem sie bewusst statt von Gott vom Universum sprechen. Dass das nicht möglich ist, zeigt sich nicht physisch oder metaphysisch, sondern existenziell: Das Weltall ist kein Gegenüber; es hat uns ermöglicht, doch es meint uns nicht. Das Johannesevangelium schließt im Grunde die Lücke, die der Schöpfungsgedanke des Alten Testamentes lässt. Und es führt direkt auf die Botschaft Jesu hin: „Wer mich sieht, sieht den Vater" (Joh 14,9–11), sagt Jesus seinen Jüngern. Man kann sagen: Ich spreche mit euch so, wie ihr Gott hören müsst, damit es in euren Herzen gültig wird, damit ihr Vertrauen lernt inmitten einer Welt, die euch sonst unendlich alleine lassen würde. Erst dann könnt ihr daran glauben, dass im Hintergrund von allem eine persönliche, wohlmeinende, absichtsvolle Macht steht, die alles das schafft, was ihr seht. Dann erst, wenn ihr im Vertrauen eurer Existenz sicher werdet, könnt ihr die ganze Welt am Ende Gott zutrauen und sie als Schöpfung begreifen. Ihr begreift damit nicht, wie Gott diese Welt hat machen können. Das versteht ihr nur kausal, nicht aber so, wie ihr es für euer Dasein braucht. Nur wenn ihr erst einmal Gott begreift als personalen Hintergrund eures Menschseins, könnt ihr diesen Ansatz des Vertrauens in den personalen Grund von allem ausdehnen zum Begreifen von allem, was überhaupt ist, und die allgegenwärtige Unmenschlichkeit des Alls als einen täuschenden Schein entlarven: Es muss mit ihm unendlich viel mehr gemeint sein, als in ihm zur Erscheinung kommt – genau so wie mit eurer irdischen Existenz, die im Tode nicht endet, sondern ihre Hüllen und Begrenzungen abwirft und in die Wahrheit eintritt, für die es entworfen wurde; sie kehrt zurück in die Hände Gottes, aus denen sie kommt, und sie atmet den Atem, mit dem Gott sie zum Leben erweckte (Genesis 2,7), nur jetzt für immer.

Unterschiedliche „Blicke" auf die Wirklichkeit: Wissenwollen und Daseinsauslegung

MARTIN FREYTAG: Wir halten also fest, Herr Drewermann, es muss gar nicht zwingend einen Gegensatz zwischen Glauben und Naturwissenschaft geben, wenn und insofern wir als Christen und Christinnen in der Lage und willens sind, den Glauben und das Gottesbild richtig zu interpretieren im eben beschriebenen Sinne?

EUGEN DREWERMANN: Wir müssen sehen, dass Naturwissenschaft und Religion grundverschieden sind. Sie sind deshalb keine Gegensätze, weil sie zwei komplementäre Methodologien befolgen. Das eine ist nötig, damit das andere erträglich wird. Wir brauchen den Glauben, um die Aussagen der Naturwissenschaft als Menschen durchzustehen, um damit leben zu können. Die Naturwissenschaft zeigt uns weder den Sinn noch die Art unseres Lebens. Sie begründet keine Ethik, ganz im Gegenteil. Sie hat lauter Gründe zu zeigen, warum wir so unethisch sind, wie wir in Abstammung von affenartigen Vorfahren aller Wahrscheinlichkeit nach sein müssen. Alles, was wir brauchen, um Menschen zu sein, lernen wir nicht in den Naturwissenschaften. Wir lernen dort allenfalls, im Wissen der Naturzusammenhänge Zonen zu schaffen, in denen wir Leid verringern können. Wenn es gut geht, vermögen wir sogar gewisse Katastrophen zu verhüten. Vielleicht lehren uns die Gesetze der Natur auch, so zu leben, dass wir zum Vorteil von Tier und Mensch, von Umwelt und Kultur unsere Ansprüche an die Natur einigermaßen ins Gleichgewicht bringen. Das alles ist sehr wichtig. Aber wir müssen die Notwendigkeit der Ergänzung aller Naturwissenschaft durch Religion begreifen und den Unterschied zwischen ihnen methodisch so deutlich markieren, dass nicht das eine ins andere verwoben wird.

Um es so zu sagen: Die Naturwissenschaften versuchen, die Welt zu erklären, die Religion versucht, sie zu verstehen; das eine ist ein objektgerichtetes Wissenwollen, das andere eine subjektgerichtete Daseinsauslegung, eine sinnsuchende Hermeneutik. Wir dürfen daher nicht länger von den Physikern eine Interpretation der Welt und des Menschen erwarten – als wenn Physiker das könnten. Ein solches Ansinnen müssen sie verweigern. – Das Fatale ist jedoch, dass vor allem in den USA lauter Bücher erscheinen, die in hohen Druckauflagen auch im Bibelgürtel vertrieben werden sollen; in denen werden die Physiker gewiss irgendetwas Schönes aus der Bibel zitieren, damit es sich fromm anhört. Doch das ist ein Bruch ihres Denkens. Was sie dann sagen, glauben sie nicht wirklich. Das ist so, wie man in der alten DDR noch irgendetwas von Marx und Engels vorweg zitierte, um hernach zu schreiben, was man wollte. So geht es aber nicht. Theologie ist etwas gründlich anderes als Naturwissenschaft. Und Naturwissenschaft darf nie Religion oder Religionsersatz werden. Wir brauchen die beiden in ihrem Unterschied. So wie die linke Hand nie die rechte Hand ist, aber erst wenn wir beide Hände einsetzen, können wir den Tisch vor uns heben und versetzen. Beide Hände sind nötig.

Die Welt sehen mit Jesu Augen

MARTIN FREYTAG: Was hätten wir denn eigentlich von Jesus zu lernen, wenn wir mit seinen Augen die Schöpfung betrachten?

EUGEN DREWERMANN: Alles, was wir sehen in der Welt, ist ohne Gott ein Abgrund voller Ängste, voller Gefahren. Überall, bildlich oder wörtlich, lauern die Raubtiere. Ist das Leben bedroht, müssen wir kämpfen um das Dasein. Das ist denn auch die Auskunft, die Charles Darwin uns gibt: Die Stärksten werden die Siegreichen sein; nur die Fittesten werden überleben; also strenge dich an, halte dich ran, nimm nicht zu viel Rücksicht. Wir sind mit solchen Ermahnungen sofort bei Friedrich Nietzsche (1844–1900): Weh dem, was schwach ist. Genau das konnte auch Adolf Hitler (1889–1945) sagen auf dem Obersalzberg. So ist Kampf um das Dasein sozialdarwinistisch. Nietzsche konnte sogar so weit gehen und sagen: „Ich will, dass ihr den Frieden braucht, um den Krieg vorzubereiten. Und den kurzen Frieden liebt, um den Krieg gut zu führen. Ihr sagt: Eine gute Sache rechtfertigt jeden Krieg. Ich sage: Ein guter Krieg rechtfertigt jede Sache." So sprach der Mann um 1880, nachdem die Preußen 1870 Paris erobert hatten, schneidig, mit einer Lüge beginnend, unter Otto von Bismarck (1815–1898), aber grandios auf dem Schlachtfeld, herrlich für die Historiker mitanzuschauen. Das ist Kraft, das ist Macht, das treibt Geschichte voran; so vereinigt sich das Deutsche Kaiserreich. – Hier in Koblenz, wo wir dieses Gespräch führen, sehen wir am Deutschen Eck in einem großen Denkmal Kaiser Wilhelm I. zu Pferde. So macht man es. Das lernt man, wenn man in die Natur schaut. Und man lernt als Mensch, sich an diese Gesetze zu halten, ohne zu begreifen, wie unmenschlich wir dabei werden.

Von Jesus her müssten wir ganz im Gegenteil sagen: Hört doch auf damit! Natürlich habt ihr Angst in der Welt, aber ich habe die Welt überwunden (Johannes 16,33). Ich lehre euch, mit bloßen Füßen über das Wasser zu gehen (Johannes 6,16–21), und es wird euch in der Angst nicht nach unten ziehen. Ich lehre euch, die Angst zu überwinden. Und dann erst entdeckt ihr die Welt, die es gibt, mit all ihrem Durcheinander, auch als eine Chance, auch als ein Geschenk, auch als etwas, das gut ist. Ihr findet es nur mühsam darin, aber ihr müsst im Vertrauen voraussetzen, dass ihr es sehen könnt. Nehmt ihr Gott weg, seht ihr diese Welt als die reine Hölle: ohne Entrinnen. Ohne an Gott zu glauben, werdet ihr Darwin glauben, indem ihr seine biologisch vollkommen richtigen Erkenntnisse und Ahnungen als letzte Auskunft für euer Selbstverständnis und euer Handeln nehmt. Es ist dann eine grausige Welt, die dabei entsteht.

Rupert Riedl (geb. 1925), ein Biologe in Wien, hat einmal gesagt, die Entwicklung der Welt sei die Rückzahlung an des Teufels Küche, indem sie ihre Ordnung stets nur dem Chaos abringe. Das gibt es in ungefährer Weise wieder. Das alles kann man sehen. Aber man wird dem nur standhalten, wenn man sich als Mensch mit Mitleid beugt über jedes leidende Wesen, wenn man das streunende Kätzchen streichelt und beruhigt, wenn man Güte lernt im Umgang mit allem Zerbrechlichen. Nur dann erkennt man das Wunderbare, das bei allem Schmerz in allem steckt. Das heißt es, die Welt zu sehen mit Jesu Augen: Es heißt zu retten, was verloren ist, und heimzuholen, was einsam ist.

Es gibt ein französisches Gebet, das ungefähr so fleht und das sich deshalb anhört wie eine Antwort auf Ihre Frage. Es lautet: „Lieber Gott, gib uns allen die Güte deiner Augen. Die Wärme deines Herzens. Den Trost deines Mundes. Den Schutz deiner Hände. Die Kraft deiner Füße. Den Beistand deines Daseins." So sah Jesus diese Welt. So überwand er diese Welt (vgl. Johannes 16,33).

KAPITEL 7

Gott
und der Teufel
und die Hölle

MARTIN FREYTAG: Im Religionsunterricht wird bisweilen gefragt, ob denn Gott, wenn er doch Herr über Himmel und Erde sei, etwa auch den Teufel geschaffen habe. Diese Frage scheint intuitiv richtig, denn schon das Erste Testament lässt keinen Zweifel daran, dass der Satan, der große Verwirrer und Durcheinanderbringer aller menschlichen Verhältnisse, ein Geschöpf Gottes ist. An diese Vorgabe hat sich auch die Kirche in ihrer Lehre gehalten.

Auch Goethe geht davon aus. In Anlehnung an das Buch Ijob fabuliert er im Prolog im Himmel zu Beginn des Werkes „Faust" das Gespräch zwischen dem Herrn und Mephistopheles. Selbst Papst Franziskus spricht bis in unsere Tage hinein umstandslos von der Existenz des Teufels, dem er sogar – indirekt zumindest – den Missbrauchsskandal anlastet. Und der Teufel wohnt, so der Volksglaube, selbstverständlich in der Hölle, so wie Hades im griechischen Mythos der dunkle Herr der Unterwelt ist.

Zu alledem hat die Kirche mit ihrer Lehre von den göttlich angedrohten Höllenstrafen massiv Vorschub geleistet, mit all den psychotischen und neurotischen Folgen bei zahllosen Gläubigen im Verlauf der Kirchen- und Glaubensgeschichte. Ich selber erinnere mich noch an das verstörende Kirchenlied aus Kindertagen „Strenger Richter aller Sünder". Andererseits erschien, bereits 1969, eine kleine, bahnbrechende Studie des Tübinger Alttestamentlers Herbert Haag mit dem Titel „Abschied vom Teufel". Nun steht aber die Vorstellung von so etwas wie einer Hölle ebenfalls im Glaubensbekenntnis. Jesus Christus sei *descendit ad inferos*, hinabgestiegen in die Hölle, lautete die ursprüngliche Übersetzung. Bis man sich, in der neuen deutschen ökumenischen Fassung, auf „hinabgestiegen in das Reich des Todes" einigte, was natürlich eine erhebliche Sinnverschiebung nach sich zieht. Komplexität und Klärungsbedarf also auch hier, Herr Drewermann.

EUGEN DREWERMANN: Es ist eine Menge, was Sie da als einen Komplex von Fragen zu einem Berg aufwälzen. Wir können es nur der Reihe nach durchgehen.

Engel und Teufel

Im Alten Testament taucht der Teufel erst sehr spät und am Rande auf. Im Buch Ijob zum Beispiel rät er Gott, seinen vermeintlich Getreuen mal auf die Probe zu stellen; denn dass jemand im Glück Gott dankt und keinen Grund hat, über die Stränge zu schlagen, ist nicht gerade verwunderlich. Aber wenn es Ijob mal schlecht geht, wenn es ihm an den Leib geht, dann sieht es vermutlich anders aus mit seinem Gottvertrauen. Davon handelt das Buch Ijob (Ijob 1,6–12; 2,1–7). Es stellt den Teufel eigentlich nicht als Prinzip des Bösen dar, sondern als eine Art Ankläger vor Gott, der den Menschen zweifelhafter sein und erscheinen lässt, als er für gewöhnlich gelten mag.

Das Alte Testament hat darüber hinaus den eigentlichen Hintergrund der Teufelsvorstellung nicht aufgenommen, der in der Engellehre besteht; es hat vor allem nicht die Entgegensetzung von Gut und Böse, von Licht und Schatten aufgenommen, die sich gegenseitig bekämpfen. Diesen Hintergrund bildet die persische Religion mit einem strengen Dualismus. Zwei Götter sind da: Ahura Mazda, der gute Gott, und Ahriman, der böse Gott. Das ist ungefähr tatsächlich das Schema von Gott und dem Teufel, das im Hintergrund auch der Bibel waltet und spätestens Ende des 6. Jhs. v. Chr. Israel im babylonischen Exil bekannt wurde; der Perserkönig Kyros war es, der 538 v. Chr. den Deportierten die Rückkehr nach Jerusalem ermöglichte. Aber wohlgemerkt: Die biblische Theologie hat das persische, dualistische Weltbild nie aufgegriffen, obwohl es sich als plausibel aufdrängt.

Zu denken wäre in Bezug zur Theodizeefrage von vorhin, dass diese Welt nicht so ist, wie der gute Gott Ahura Mazda sie gemeint hat, sondern dass sie von Anfang an, durch den konträren Widerspruch durch Ahriman, mitgeformt wurde. Diese Widersprüchlichkeit, dieser Antagonismus von Gut und Böse, bildet die wirkliche Welt. Es ist ein ständiger Kampf zwischen Progression und Regression: Ahriman sieht nur nach rückwärts, Ahura Mazda nur nach vorne. Zwischen Fortschritt und Rückschritt, zwischen Hoffnung und Verzweiflung ist alles ausgespannt in dieser Welt. Das ist eine geniale Beschreibung des ständig ambivalenten Zustandes von allem, was wir Schöpfung nennen. Das Glück des einen ist die Vernichtung des anderen. Die Nahrung des einen ist der Tod des anderen. Alles, was ist in dieser Welt, hat mindestens zwei Seiten und noch viele andere. Das versuchte die persische Religion in diesen Antagonismus des Göttlichen zu bringen. – Zwischen den gegensätzlichen Kräften walten die sogenannten Amesha Spentas, das sind Geistwesen. Sie tauchen im Alten Testament unter dem Begriff Engel auf. Es sind dort aber in den „Engeln Gottes" ursprünglich Mittelwesen gemeint, die bei jeder Erscheinung des Göttlichen nur dessen jeweils sichtbare Seite verkör-

pern; „der Engel Gottes" erscheint dann und rettet z. B. die von Sara
verstoßene Hagar und ihr Kind Ismael („Gott hört") in Genesis
21,17–21. Das Eigentümliche ist nun: Gott rückt immer ferner, je
näher die Bibel an die Zeit Jesu heranrückt. Sein Wort ist wirksam,
aber es tritt fast schon als etwas Eigenständiges zwischen Gott und die
Menschen. Und es wird dann durch Engel vermittelt, die als deutende
Interpreten dazwischentreten, weil Gott immer fremder wird. Gott
rückt im späten Israel immer weiter von den Menschen ab, sodass
immer neue Mittlerinstanzen auftreten. Und das sind nun die Engel.

Wenn wir die Entstehung des Teufels beim Wort nehmen, so wie es
im Christentum geglaubt wird, dann haben wir etwas ganz anderes,
einen vorweltlichen Urzeitmythos vor uns: Gott hat die Engel geschaffen, damit beginnt es. Selbstverständlich kann er ja nicht den Teufel
als einen solchen geschaffen haben – das zu denken, wäre unmöglich.
Aber er hat einen Engel geschaffen, der sich gegen ihn selbst, gegen
Gott, aufgelehnt hat. Die Vorstellung geht dahin, dass sich der oberste
der Engel, der Lichtträger, Lucifer, gegen Gott gewandt habe und
hierdurch zum Teufel geworden sei. Dieses Mythem enthält Reste
kanaanäischer und mesopotamischer Religionsgeschichte. Schon allein, dass der Teufel Lichtträger, Lucifer, heißt, weist auf einen kanaa-
näischen Mythos hin: Bei Jesaja sind in Jes 14,12 Anklänge an diesen
Mythos vom Morgenstern enthalten, und man darf denken, dass die
Mythologie, im Astralglauben Kanaans, den Hintergrund für die Na-
mensgebung und die Vorstellungen von „Lucifer" bildete, welche erst
sehr viel später christlich mit dem Teufel verbunden wurde. Erzählt
wurde wohl einst von dem Morgenstern, der auch die Seite des
Abendsterns in sich trägt – als Venus oder Astarte ist er beides in eins.
Er strahlt voller Stolz und Schönheit in der Nacht, doch dann, wie zur
Strafe, stürzt die Sonne am Morgen ihn selber ins Dunkel. Im Kanaa-
näischen ist sein Name Shalim, ein Wort, das auch in Jeru-shalaim
(Jerusalem) anklingt. Auch in Hesekiel 28,14–16 und Psalm 48,3
tauchen solche Vorstellungen auf.

Der Teufel ist nicht so schlimm, eigentlich will er gut sein

Für die christliche Lehre maßgebend wurde das apokalyptische Bild
in Apokalypse 12,7–11, wie der Erzengel Michael („Wer ist wie
Gott") den „Drachen", die alte Schlange, den Leviathan (Psalm

74,18), vom Himmel auf die Erde wirft. – Das erste Axiom über den Teufel ist in alldem, er sei stolz. Stolz ist eine Sünde, die im Übrigen auch Adam untergeschoben wird, als er sein wollte wie Gott (Genesis 3,5) und sich gegen Gott auflehnte. Man begreift in der Sündenfallerzählung bei dieser Deutung nicht die Dynamik der Angst, der Verzweiflung, die dahin führt, dass Menschen es nicht mehr aushalten, nur Menschen zu sein, und dass sie wie Gott werden müssen, um sich absolut zu setzen und von sich her eine Antwort auf ihre Kontingenz zu finden (Genesis 3,1–7). Menschen, die ihre Nichtigkeit begreifen, müssen absolut sein, wenn sie nicht mehr glauben können, dass Gott auf ihrer Seite stünde. Bei Nietzsche klingt das umgekehrt: „Wenn es Gott gäbe, wie hielte ich es aus, kein Gott zu sein?", sagte er. Doch gelten wird: „Du musst dich als Gott entwerfen, weil du es nicht aushältst, Mensch zu sein." Stolz ist in diesem Sinne eine Reaktionsbildung auf fundamentale Selbstzweifel. Wer sich für ein Nichts hält, muss alles sein.

Goethe, den Sie eingangs zitierten, lässt im Prolog des „Faust" Mephisto davon sprechen, er sei „ein Teil von jener Kraft, die stets das Böse will und doch das Gute schafft". Das ist nun freilich Weimars Goethe, wie man ihn sich vorstellt: Die Welt hat Schattenseiten, sie kennt Chaotisches, das weiß auch er, aber im Ganzen ist sie gut. Eigentlich war Goethe ein optimistischer Pantheist, kein Christ. Im Grunde sah er im Teufel eine Gestalt, die das schon Schöne verschönert, indem sie ihm Konturen verleiht und Kontraste auftauchen lässt – wie in der Musik: Eine Harmonie in Widersprüchen erhöht die Dramaturgie der Symphonie. Man versteht freilich auf diese ästhetisierende Weise nicht, was mit dem Teufel gemeint sein könnte. Man begreift nicht einmal, wie er in der Religion der Perser, der Bibel, der Kanaanäer, der Christen möglich wurde.

Dass er überhaupt als Vorstellung zur Deutung von Welt und Geschichte wurde, hat mit dem Problem zu tun, auf das die Perser tatsächlich als Erste systematisch antworten wollten. Wir haben eben davon gesprochen, wie die Grausamkeiten der Evolution als ihr innerer Motor die Höherentwicklung des Lebens durch Inkaufnahme unendlichen Leids hervorgepresst haben. Die Frage ist unvermeidbar: „Wie ist denn Gott mit einer solchen Wirklichkeit zu vereinbaren?" Eigentlich überhaupt nicht, muss man sagen. Die Antwort der Theologen jedenfalls läuft auf eine Scheinauskunft hinaus: „Das hat Gott auch nicht so gewollt", sagen sie. „Die Welt, wie wir sie haben, ist ein Mischgebilde. Gott hat die Welt gut geschaffen, aber dann kam der

Teufel und hat sie verwüstet." Das klingt ganz nach dem persischen Dualismus, bis auf die Annahme, dass Gott halt dem Teufel in eigener Freiheit Macht gegeben hat, ohne dadurch seine Allmacht einzubüßen.

Ihre Schülerinnen und Schüler aber haben da wohl vollkommen recht: Ein Gott, der einen Widersacher zulässt, kann nicht länger allmächtig sein. Er kann nur noch so tun. Es ist vor allem auch unbegreifbar, wie viel Macht er dem Teufel offenbar lässt und wie lange das der Fall sein soll. – Wenn mein Vater sehr wütend wurde, konnte er manchmal sagen: „Jetzt schlag doch Gott den Teufel tot!" Das scheint ein ganz berechtigter Wunsch. Wenn Gott die Macht dazu hat, dann sollte er das tun. Und wenn er das nicht tut, was ist dann von seiner Güte zu halten? Da sind wir wieder einmal bei Epikur. Mit dem Teufel ist unserer Welterklärung allem Anschein nach überhaupt nicht gedient. Er ist eine reine Verlegenheitsauskunft, und auf diese Weise begreift man weder Gott noch den Teufel. Was also ist mit ihm gemeint?

An dieser Stelle könnten wir vielleicht behelfsweise einen Gedanken erwähnen, der in der ostkirchlichen Legende auftaucht und in gewissem Sinne auch bei den Muslimen im Koran. Ich hörte meine Mutter mal auf meine Frage: „Was ist es denn mit dem Teufel?" sagen: „Der Teufel ist nicht so schlimm, wie man ihn malt. Eigentlich will er gut sein." Mir war das als Kind sehr rätselhaft. „Dann verstehe ich nicht, warum er so schlimm ist." „Das ist auch schwer zu verstehen. Ich verstehe das auch nicht." Ich habe mir diese Worte gemerkt, weil ich meiner Mutter glauben wollte, gegen die Schwarzmalerei des Teufels. Man könnte sich den „Lichtträger" der guten Geister so vorstellen, dass er gegen Gottes Plan, die Welt zu erschaffen, protestierte, weil er ahnte, wie viel Leid in ihr enthalten sein würde; die Welt würde Gott verdunkeln. Und als sie dann doch entstand, wurde der „Lichtträger" zum „Teufel": Er möchte alles zerstören und das Leben beenden zugunsten der Reinheit, die es gab, bevor die materielle Welt sich bildete. Dann müssten wir den Satz Mephistos aus Goethes „Faust" umdrehen? Der Teufel müsste sagen: „Ich bin ein Teil von jener Kraft, die stets das Gute will und doch das Böse schafft." So könnten wir den Teufel als Phänomen, als Vorstellung, als Teil unserer selbst viel besser erklären. Wir könnten vor allem vieles verstehen, was sich im Menschen selbst als teuflisch darstellt. – Ein Buch der Weltliteratur kann uns dabei helfen.

Kapitän Ahab in „Moby Dick" – Was sich im Menschen selbst als teuflisch darstellt

Vor einiger Zeit habe ich Herman Melvilles Roman „Moby Dick" noch einmal gelesen und interpretiert. Da begegnet uns in Kapitän Ahab an Bord der Pequod ein Mann, der mal ein Sonnenanbeter war. An dessen Reling steht der Perser Fedallah, genau wie er ein Dualist, wie jene Perser in der Antike. Beide, Ahab und Fedallah, sind Verbündete im Kampf gegen das absolute Böse, das für sie Gestalt gewinnt in Moby Dick, dem weißen Wal. Dieser ist böse, weil er Ahab, den Sonnenanbeter, verletzt hat. Ahab, wohlgemerkt, ist als Waisenkind aufgewachsen, das nur akzeptiert werden konnte, wenn es zum besten Kapitän in Nantucket wurde, dem Walfangimperium um 1850, das seine Tentakel damals in alle Weltmeere ausstreckte. Wenn Ahab die Harpune wirft, stößt sie zentimetergenau in den Wal hinein, so geübt ist er. Er war 18 Jahre alt, als Moby Dick im Kampf eine der Harpunen in seinem Körper unter ihn hindurchzog, sodass sein Bein amputiert werden musste. Er erlitt bei der Rückfahrt rasende Schmerzen, im Orkan um Kap Hoorn, als das Schiff nach Nantucket zurückkehrte. 40 Jahre lang, nach biblischem Zeitmaß, kämpfte Ahab gegen Moby Dick, doch jetzt, in den Fanggründen vor Japan, will er ihn endgültig stellen, um seine Verletzung zu rächen. Die ganze Handlungsabfolge steht stellvertretend für die Verletzung und das Leid der Welt insgesamt. Die Lösung könnte sein: Wenn man die Harpune nimmt und in das Böse, das Quälende, Schmerzzufügende, Bösartige im Untergrund mit aller Kraft hineinstößt, dann wäre die Welt gereinigt. Melville schreibt dazu: „Hast du jemals gesehen, wie die Haie im Schwarm herfallen über einen harpunierten Wal? Wie sie schmatzen mit den Mäulern. Wenn du das gesehen hast, frag dich, an welchen Gott du glaubst." Sein Ahab will mit der Harpune die Oberfläche der Welt, die lügnerische, gleißende Oberfläche durchstoßen. Er will den Abgrund öffnen. „Siehst du im Untergrund der Welt das endlose Morden?" Doch der Ozean rauscht seit 7.000 Jahren, so rechnet er mit der Bibel. Wenn damit Schluss sein könnte, müsste man das Böse mit einem einzigen großen Akt der Destruktion besiegen.

Genau das aber macht aus dem Sonnenanbeter Ahab aus lauter Enttäuschung und Verzweiflung einen leibhaftigen Teufel in Menschengestalt. Die ganze Mannschaft wird er so verhexen, dass sie in den Abgrund gezogen wird. Melville beschwört mit seinem Roman im Jahre 1851 aufs Genaueste die Pathologie des amerikanischen Bewusstseins in seinen persisch-manichäischen-puritanischen Grundzügen.

Teuflisch werden im Kampf gegen das Böse

Man hat die Welt bipolar geordnet nach Gut und Böse, und man muss im Kampf gegen das Böse, um das Gute zu verteidigen, alle denkbaren Mittel einsetzen, die das Böse vernichten können; also muss man selbst destruktiv böse sein gegen das Böse. Das heißt: Wenn wir die richtige Bombe auf das richtige Ziel werfen, wenn wir zum Beispiel 1991 und 2003 Bagdad bombardieren, dann haben wir vermeintlich den Terrorismus besiegt. Und wenn wir weltweit einen Antiterrorkrieg führen mit allen Mitteln, mit der NSA zum Beobachten, mit Drohnen aus Ramstein, die zum Töten in 10.000 Kilometer Entfernung geeignet sind, wenn wir den Weltraum bewaffnen und zum Schauplatz unserer Raketenkriege machen, wenn wir das Star-Wars-Programm verwirklichen und noch mehr Geld für Rüstung ausgeben, wenn wir mit einem Wort alles Böse an jeder Stelle vernichten können – wir haben die Harpune und tun es –, dann ist die Welt gebessert. Nur dann und endlich dann. So die selbstbetrügerische Illusion.

Die Wahrheit ist: So wird aus dem Besten, was Menschen wollen, das Teuflische. Daran, dass sie etwas Gutes wollen, ist nicht zu zweifeln, aber sie tun es im Gefühl der Angst, des Hasses, der Verletztheit. Sie werden dadurch wirklich zu Teufeln bei dem Versuch, mit Gewalt durch Ausrottung des Bösen das reine Gute durchzusetzen und nur noch das Gute übrig zu behalten. Doch mit diesem Vorgehen setzen sie sich außerstande, mit dem Bösen, das es zweifellos, vor allem in den Menschen, gibt, so umzugehen, dass es hilfreich wird. Die Konsequenz ist die Sintflut über allem, um die Erde zu reinigen: „Denn alles, was entsteht, ist wert, dass es zugrunde geht. Drum besser, dass es nicht entstünde", sagt der Teufel bei Goethe. Gott ohne die Welt, die ihn verdunkelt – darauf zielt all sein Zerstörungswerk ab. Das Böse aber ist nicht durch Zerstörung und Ausrottung zu besiegen, sondern nur durch Integration. Um das zu tun, müsste es möglich sein, den Menschen, die „Böses" tun, zu helfen, wieder zu sich selbst zu finden.

Verstehende Güte gegen Gericht und Hölle

Eben das ist der Weg, den Gott in der Bibel nach der Sintflut mit seinen Menschen geht: „Gott sah, dass der Mensch böse ist, von Jugend auf", steht da in Genesis 6,5 und 8,21. Und deshalb beschließt er, nie mehr eine Sintflut über den Menschen zu verhängen, vielmehr möchte er die ganze menschliche Geschichte in verstehender Güte, in Vergebung, in Geduld und in Beistand begleiten. Niemals soll das Böse instrumentalisiert werden im Kampf gegen das Böse. Das in der Tat ist der einzige Schutz vor der Idee des Teufels. Wir dürfen nicht aufhören, mit Jesus an einen Gott zu glauben, der die Güte ist, statt uns zu richten.

Freilich, auch und gerade die Christen haben gelehrt und gelernt, dass Gott sein Strafgericht über die Sünder hält, weil er gerecht ist. Das taucht in ganzer Länge bei Goethes „Faust" in der Gretchentragödie auf. Man singt in der Kathedrale über die Frau, die todesschuldig geworden ist, weil sie in den Wahnsinn geraten ist durch die Liebe zu Faust, den Gesang aus dem 13. Jahrhundert: „Tag des Zornes, Schreckensstunde, flammend geht die Welt zu Grunde, nach Sybilla und Davids Munde. Und ein Grau'n wird sein und Beben, wird der Richter niederschweben. Rechnung im Gericht zu heben. Und ein Buch wird aufgeschlagen, all darin sind eingetragen, deine Sünd' aus Erdentagen. Oh was werd' ich Armer sagen, wenn Gerechte selbst verzagen?" So sollte das im Mittelalter, in der Zeit der Gotik, schreckgewaltig in die Herzen dringen. So steht es als Bild über dem Portal einer jeden gotischen Kathedrale: Links (aus Sicht des Betrachters) der Zug der Geretteten, die von Engeln in den Himmel geführt werden, und auf der anderen Seite rechts die Seelen der Verdammten, die von Teufeln in den Rachen der Unterwelt hineingetrieben werden. Dazwischen, zwischen Himmel und Hölle, sollen sich die Menschen entscheiden, in all ihrer Angst, Gott um Erbarmen anflehend vor Gericht.

Dann aber soll man glauben, dass die Hölle, das Urteil Gottes zur Verdammnis, endgültig ist. Unerbittlich lehrt das Kirchendogma bis heute die ewige Höllenstrafe. Es gab demgegenüber einzig Origenes (ca. 185–254), der gelehrt hat, dass diese Idee mit einem Gott der Güte unvereinbar sei. Er hat nicht geschrieben, was er eigentlich gemeint haben könnte und was wir ergänzen müssen: Es gibt überhaupt keinen Menschen, der böse sein will. Es ist so, wie wir vorhin bereits sagten: Die sogenannten Bösen sind die Erlösungsbedürftigen, die

Rettungsbedürftigen, die Hilflosen, die weit von sich entfernt sind und die wir suchen gehen müssen, um sie zu sich selbst zurückzubegleiten. Die Hölle hingegen entsteht hier auf Erden, und sie wird gebildet von lauter armen Teufeln, die in ihrer Existenz Gefangene und Gequälte sind, erfüllt von Gedanken, die nicht die ihren sind, die man ihnen aber eingeimpft hat; erfüllt von Widersprüchen, die man seit Kindertagen in ihre Seele hineingelegt hat. Solche sind scheinbar und sogar oft nach ihrer eigenen Einschätzung unrettbar Verlorene. Und dann kommen die Ordentlichen und die Braven, die sagen: Selbst bist du schuld, da bleibe jetzt mal – statt dass sie schauen, was wirklich passiert.

„Hinabgestiegen in die Hölle"

Es ist es ein wunderbares Bild, wenn die nicht-neutestamentliche, aber apokryphe Legende erzählt, Jesus habe nach seinem Tode am Karfreitag, in der Zeit bis Ostern, sich hinabbegeben in die Hölle, um den Verdammten die Erlösung zu predigen. – Ihr „Hinabgestiegen in die Hölle", das Sie in Ihrer Frage erwähnten, ist ein außerordentlich sprechendes Mythem. Wir müssten sagen, um es zu verstehen, es meine gar keine Geschichte für das Jenseits, sondern es erzähle, projiziert ins Endgültige, was Jesus auf Erden ständig wollte: Er sah nicht böse Menschen, sondern arme Teufel vor sich, und er wollte sie bei der Hand nehmen und aus der Hölle, in der sie leben, befreien. Doch sein Widerspruch gegen all das Ungütige der Gesetzesreligion, gegen die Herzenshärte und Herzenskälte der sogenannten Guten und Gerechten hat Jesus am Ende in den Tod getrieben. Solche Leute, meinte Jesus, bringen doch mit ihrer Ablehnung die Menschen erst da hin, dass sie an sich selbst zerbrechen. So ging Jesus hinein in diese Welt als in eine Hölle, die der Erlösung bedarf. Er berief nicht nur die Sünder. Er ging ihnen hinterher. Im Bilde gesprochen: Er begab sich mit seiner Güte in die Hölle dieser unserer lieblosen Welt.

Am Anfang der Feldpredigt sagte Jesus einmal, frei übersetzt: „Ich wage, glücklich zu nennen in dieser Welt die Menschen, die noch weinen können" (Lukas 6,21). Wie ist es möglich, die gläsernen Masken, wie sie um 1320 in Dantes „Inferno" beschrieben werden, in Gefühle, die wirklich Geltung haben, zurückzuführen und die vereisten Tränen auf den Gesichtern der Menschen zum Fließen zu bringen? Das wäre die Erlösung aus der Hölle, wenn Jesus dort hineinginge. Etwas anderes hat er, hier auf Erden, bereits nie getan.

Der Aberwitz der Theologen ist, dass sie die Mythen, die ihnen die Gestalt Jesu erklären könnten, selbst nicht als Symbole lesen. Und dann machen sie ein Übersetzungsdrama aus den Worten: Jesus stieg hinab *ad inferos*, zu den „Unterirdischen", den unglücklichen, den verzweifelten Menschen. Daraus wird jetzt in dem neu herausgegebenen Glaubensbekenntnis, Jesus sei „gestorben und hinabgestiegen in das Reich der Toten" – statt, wie früher, „in die Hölle", jetzt in das Reich des Todes. So aber entsteht ein unsinniger Pleonasmus. „Er ist gestorben" heißt doch schon: Er geht in das Reich der Toten. Also entweder meint beides dasselbe, damit ist eines von beiden überflüssig, oder der zweite Teil des Satzes besagt wirklich etwas Eigenes, Neues. Dann müssten wir sagen, dass Jesus gestorben ist, weil und indem er in die Hölle der Wirklichkeit hineinging, um den Widerspruch aufzulösen, der die Menschen am Leben hindert: Er begann, eine Güte zu lehren gegen die Eiseskälte der in Gesetzen eingefrorenen Welt.

In den Ikonen der Ostkirche sieht man den Vorgang beschrieben, wie Jesus über die Brücke des Kreuzes hinweg in die Unterwelt hineingeht und als Erstes Adam und Eva, die Ureltern, die für uns alle als Wesensgestalten unserer selbst die Sünde in diese Welt gebracht haben, bei der Hand nimmt und zurückholt – und uns alle, die Kinder Evas, gleich mit. Das sind wunderschöne Bilder, an die wir glauben können.

Was meint „Jüngstes Gericht"? ...

Dann aber müssen wir sagen: Mit der Botschaft Jesu vereinbart sich weder ein Teufel noch eine Hölle. Zu Teufeln werden wir selbst, wenn wir, ohne jegliches Vertrauen, ein „Gutes" mit bloßer Gewalt durchsetzen wollen. Darin kommen wir uns zwar ganz groß vor, und es reicht hinein bis in die Politik, bis in das Gekreische der Straße nach strengen Strafen, bis in den Stolz der immer Richtigen. Da spielen wir selber einen Gott, wie wir ihn eigentlich fürchten, um die „Bösen" einzuschüchtern und uns über sie zu erheben. Die Wahrheit Jesu aber ist, dass wir damit selber nicht leben können, wenn wir so tun. Wir selbst brauchen Vergebung. Wir existieren überhaupt nur durch Vergebung. Die Idee auch nur, dass wir besser seien als die armen Teufel, über die wir zu Gericht sitzen, ist albern. Es gibt keine Hölle. Es gibt nur Menschen, die gemeinsam zum Himmel Gottes unterwegs sind, in dem reifenden Verstehen einer aufwachsenden Liebe.

Auf diese Weise können wir schon hier auf Erden lernen, wie sich Gott im Leben und im Sterben Jesu zu erkennen gibt. Das „Jüngste Gericht" besteht dann darin, dass uns endlich die Augen aufgehen und wir es lernen, uns selbst, unser Leben, die Menschen an unserer Seite, die ganze Welt mit den Augen einer ewigen Güte zu betrachten. Dann würden die Widersprüche sich aufheben. Dann bräuchte es keinen Teufel mehr, der gegen das Leiden rebelliert, indem er die Lebenden abzuschaffen trachtet. Dann müssten wir den Frieden nicht durchsetzen, indem wir immer neue Kriege führen. Dann müssten wir nicht die Bösen ausrotten, damit angeblich die Guten zahlenmäßig besser dastehen. Wir müssten nur merken, dass unsere Art, den Teufel mit Gewalt zu bekämpfen, uns selbst zu Teufeln macht. Denn wir können ja auf dem Weg der Gewalt nur siegreich sein, wenn wir es schlimmer treiben als die Schlimmen.

In diese Hölle allerdings wollte Jesus hineingehen, um zu sagen: „Das alles ist nicht nötig. Es ist überflüssig. Glaubt doch mal entschieden an Gott. Hebt eure Angst auf. Lasst euch nicht länger in eine Welt zwingen, die euch nur ängstigt. Ich habe diese Welt besiegt. Ich habe gezeigt, wie man durch den Sturm über den See von Gennesaret gehen kann, ohne zu versinken" (vgl. Markus 6,45–52).

... Und „verteufelte Sexualität"? ...

Beim Sprechen vom „Teufel" dürfen wir nächst aller Theologie nun freilich die psychologischen Probleme nicht außer Acht lassen, die sich mit der Gestalt des Teufels verbinden. Ein strenges, strafendes Gottesbild führt dahin, dass in unserer Seele, im Unbewussten, eine Menge an ganz normalen Triebregungen, Gefühlen und Wünschen zum Leben nicht zugelassen werden; sie werden aus dem Bewusstsein verdrängt und nehmen eine verzerrte, angstverformte, neurotische Gestalt an; wenn wir sie im Namen einer Überich-Moral, die wir mit Gott verwechseln, in uns selber verteufeln, kehren sie als etwas Fremdes, Gefährliches und Verführerisches in Gestalt des Teufels zurück. Der Teufel erscheint dann wirklich als Gegenspieler Gottes, der uns zum Bösen verleitet.

Bezeichnenderweise spielt in die Vorstellung vom Teufel schon in seiner Gestalt deutlich das Thema der Sexualität hinein. Da steht der Teufel mit Hörnern, Bocksfüßen und Schweif in erregtem Zustand vor uns, wie ihn die Griechen als den Gott Pan sich dachten, der in der Mittagshitze durch seine Erscheinung schlafende Mädchen und Nymphen in panischen Schrecken versetzte. Er verkörpert die überbordende Triebhaftigkeit, die man im Übergang ins Christentum verteufelt hat.

Menschen unterdrücken unter Zwang all das, was sie integrieren müssten. Der ganze Spuk um den Teufel schafft am Ende genau die Probleme, die dann die Kirche mit ihrem Exorzismus lösen will. Wie viele psychiatrische Stationen gibt es, in denen Menschen leben, die sich als Kinder des Teufels verstehen? Alles in ihnen hat man biografisch verteufelt, was an Kinderwünschen einmal hat leben wollen, was aber nicht sein durfte, weil es hätte Lust bereiten können – stattdessen gab es das sechste Gebot: Alle außerhalb der Ehe herbeigeführte sexuelle Lust war Todsünde, darauf stand die Hölle als ewige Strafe. Das war die Lehre für sechs Jahre alte, acht Jahre alte Kommunionkinder. Die Folgen solcher Lehren hat die Kirche zu verantworten. Sie hat Menschen hervorgebracht, die sich selbst bis zum Wahnsinn vor sich selber fürchten und glauben, dass der Teufel in ihnen steckt.

Wir müssen diese Klagen nur hören und dann die Selbstgewissheit der katholischen Kirche miterleben, die gerade dabei ist, im katholischen Polen neue Seminarien für die Exorzismuspraxis einzurichten, unter der Ägide eines Papstes, der das ganze psychologische Problem, wie schon Johannes Paul II., bei Weitem nicht begreift. Ich kann dieses Erbe der kirchlichen Moraltheologie Papst Franziskus nicht vorwerfen, aber er bräuchte dringend Berater, die ihm religionsgeschichtlich, psychologisch, religionskritisch, bibeltheologisch erklären, was das Dogma des Teufelsglaubens bewirkt und woher es kommt. Sie erwähnten es: Herbert Haag hat schon vor über 50 Jahren in seinem kleinen Buch „Abschied vom Teufel" erklärt, wie man im Grunde mit solchen Doktrinen im Missverständnis der Bibelsprache die Liebe vernichtet. Die Gretchentragödie wird seelisch immer noch bis heute aufgeführt, und das darf nicht länger sein. Das muss ein Ende haben. In dieser Frage bräuchte der Papst Theologen, die ihm helfen. Leider hat er solche nicht. Auch das ist erkennbar eine Folge des gewaltsamen Kampfes gegen das Böse, basierend auf der falschen Erklärung, das Böse stehe stets mit dem Teufel in Verbindung. Wir müssten stattdessen das, was böse sein kann, lediglich in der Angst, die Menschen vor sich selber haben, durch Vertrauen integrieren. Das ist alles. Wir müssten die Psychologie an die Stelle der Dämonologie setzen und den Exorzismus durch eine vernünftige Neurosenlehre und Psychotherapie ersetzen. Dafür brauchen wir keinen dogmatisch vorgeschriebenen Teufel, nur ein rechtes Verständnis für seine mythische, symbolische Gestalt. Richtig verstanden kann sie in angegebener Weise uns viel erklären: den Sündenfall in der Bibel, Herman Melvilles „Moby Dick", die gegenwärtige Politik, uns selbst im Umgang miteinander, unsere Strafjustiz.

Die Religion kann spannend werden, indem sie heilsam statt abergläubisch wird.

... Und „Von Dämonen besessen"?

MARTIN FREYTAG: Ihre furchtbarste Ausprägung in der Geschichte des Abendlandes hat der Teufelsglaube ohne Zweifel in der Vorstellung, dass Menschen vom Satan in Besitz genommen werden können, sodass ihre ganze Seele von den Gedanken der Zerstörung und des Bösen ausgefüllt ist.

EUGEN DREWERMANN: Das Muster dafür liefert, ohne Zweifel, das Neue Testament selbst, wo Besessene vorkommen, zum Beispiel bei Markus 5,1–20. Dort hat ein Mann seine Behausung, wo kein Zuhause sein kann, in Grabhöhlen. Er ist, will das sagen, ein Untoter, ein Mann, der die Welt eigentlich nur noch durch die Brille der Verzweiflung sieht. Nachts im Gebirge hört man ihn wie um Hilfe schreien, er schlägt auf sich selber mit Steinen ein wie in einem ständigen Ritus der Selbstbestrafung. Er führt ein Leben chronischer Zerstörung, autoaggressiv gegen sich selber gerichtet. Gleichwohl sucht er seine Freiheit. Immer wieder nämlich sind Leute gekommen und haben ihn zu fesseln versucht. Er aber hat alle Ketten und Banden zerrissen und zerrieben. Als Jesus auf ihn zukommt, läuft er ihm entgegen und schreit ihn an, er solle ihn in Ruhe lassen. Trotzdem möchte er geheilt werden. Diese Widersprüchlichkeit ist in dieser Heilungsgeschichte beeindruckend gezeichnet; wir müssen nur ihre seelische Not begreifen und durcharbeiten. Da kommt ein Besessener – wir würden heute sagen: ein psychotisch-schizophren Leidender. Daraus hat die kirchliche Dogmatik die Lehre von der Einwohnung des Satans gemacht und die Praktik des Exorzismus aus der Antike übernommen.

Die Erzählung in Markus 5,1–20 zeigt in näherer Betrachtung etwas sehr Anderes und Merkwürdiges. Jesus nämlich versucht ähnlich vorzugehen, wie ein katholischer Priester als Exorzist noch heute, in Polen etwa, ausgebildet wird. „Fahre aus!", sagt Jesus zu dem „Dämon" – das ist die gebräuchliche Exorzismus-Formel. Der Besessene aber schreit Jesus noch mehr an: „Quäle mich nicht!" Jesus scheitert schlicht mit seinem Exorzismus. Er befiehlt dem bösen Geist und erregt damit nur umso mehr dessen Widerstand. Was Jesus dann tut, wäre freilich für die ganze Kirchengeschichte beispielgebend. Er sagt zu dem Mann: „Wie heißt du? Welches ist dein Name?" Und jetzt kommt es wirklich erschütternd: Die Antwort des „Besessenen" liegt in einem Wort: „Legion ist mein Name. Denn viele sind wir", sagt er. – Es gab politische Theologen, die diese Stelle als Erinnerung an die römische Besatzungsmacht interpretieren wollten; doch ich denke, das ist absolut unzureichend. Es geht um ein seelisches, nicht um ein politisches, jüdisch-römisches Problem. Was der Mann meint, ist dies: Du fragst nach meinem Namen, aber dann nimm um Himmels willen zur Kenntnis: Du redest mit jemandem, der selbst nicht weiß, wer er ist. Ich habe keinen Namen. Das, was ich von mir sagen kann, ist einzig dies: Ich fühle mich im Besatzungszustand. Es marschiert in mir herum, es hält mich gefangen, es beutet mich aus, es redet eine fremde Sprache, die nicht die meine ist und die ich auch nicht verstehe. Es geht alles in mir durcheinander. – So reden Menschen ganz, ganz oft, wenn sie in die Psychotherapie kommen. Alles, was sie sagen, widerspricht sich. Hört man genau hin, vernimmt man eine Mixtur aus den Versatzstücken ganz verschiedener Zeiten und ganz verschiedener Stimmen. Man müsste die Mitteilungen also entsprechend zuordnen: Hier, jetzt, redet mein Vater. Hören Sie, wie er schreit? Wie er schimpft? Wie er mich drangsaliert? Und das ist meine Mutter, die heult daneben, die hat nichts zu sagen, die ist schwach. Und jetzt kommt meine ältere Schwester, die weiß alles besser. Und jetzt der Lehrer, hören Sie, wie der mich fertigmacht? Und hier der Pfarrer im Ort! Alle wussten, wer ich zu sein habe; kein Mensch hat mich je gefragt wie du jetzt: Wie heißt du, wer bist du? Es war ihnen allen egal; sie wussten ja immer schon, wie ich zu sein hatte. Und das ist das Ergebnis, das jetzt vor dir liegt. – Wie arbeitet man dieses Chaos langsam durch, bis ein Mensch sich wiederfindet? Aus einer

Exorzismusgeschichte wird eine psychotherapeutische Wegbeschreibung.

Das Schlimme ist: So hat man es nicht verstanden. Im antiken Griechenland führte bereits Hippokrates (um 460 – um 370) Wahnzustände nicht auf Dämonen, sondern auf Hirnstörungen zurück, doch das hinderte nicht, dass man im Volk weiter an Geister aller Art glaubte. Und diesen Volksglauben hat die Kirche übernommen und weitergeführt. Ja, als ihr im 13./14. Jahrhundert die Macht gegenüber dem Kaiser zu schwinden begann, hat sie den Glauben an Teufelsmagie und Teufelsbesessenheit als Machtmittel eingesetzt und im Kampf gegen das Böse die Inquisition eingerichtet.

Hexenverfolgung, Folterpraxis, Exorzismen – und Seelsorge

Daraus geworden ist vor allem im 15., 16. und bis ins 17. Jahrhundert hinein die Hexenverfolgung. Vor allem Frauen galten als verführbar vom Satan. Man glaubte in einer Welt der Angst, dass Magie, dass ein negatives Wünschen die Kraft besitzt, Zustände, Gegebenheiten, Abläufe im Sinne des bösen Willens zu verändern. Es herrschte nach der Pest im 14. Jahrhundert eine Zeit voller Not. Missernten, Hunger und Seuchen brachen aus. Und all das wurde auf willentliche Beeinflussung durch den Teufel zurückgeführt. – So sind wir als Menschen: Man braucht Schuldige in der Not. Immer wenn Menschen nicht weiterwissen, sich hilflos fühlen, suchen sie nach einer Ursache, die sie nicht kennen, und machen sie in einer schuldigen Person dingfest. Diese vermeintlich schuldige Person wird so lange verhört, bis sie ihre Schuld eingesteht. Das kann sie aber vielleicht nicht, denn sie hat gar keine Schuld begangen.

Also greift man zurück auf die Folterpraxis, ein Mittel, das man schon in der Antike als Strafinstrument zur Erzwingung von Zeugenaussagen benutzt hat. Die ärgsten Maßnahmen aus der Gesetzgebung von 1531 unter Karl V., der sogenannten *Carolina*, werden verhörstrategisch eingesetzt, um den Widerstand des Teufels auf dem Wege der inquisitorisch zu suchenden Wahrheit zu brechen. Das geschieht mit Angsteinflößung, indem man der oder dem Befragten die Folterwerkzeuge zeigt. Man fügt Qualen gestaffelt zu, indem man die Folterwerkzeuge graduiert einsetzt, bis jemand vollkommen zusammenbricht. Es war bereits Augustinus, der sagte, dass auf diese Weise eine

Wahrheit gesucht wird, die wir schon dadurch verfälschen, dass wir nicht an sie glauben. Wir erzwingen eine Lüge, die wir dann für wahr erklären können.

Auf diese völlig wahre Einsicht, die schon um 400 n. Chr. möglich war, bezog sich im 17. Jahrhundert maßgebend Friedrich Spee (1591–1635), ein Theologe aus Paderborn an der dortigen Jesuitenschule. Er erklärte in seiner *cautio criminalis* (1631), seiner Prozesseinrede, dass das ganze Untersuchungsverfahren zur Wahrheitsfindung durch Folter absolut ungeeignet sei. Die Kapitulation und der physische Zusammenbruch vor dem sadistisch verhörenden Inquisitor ist das Gegenteil eines Wahrheitsbeweises. Es ist nichts weiter als das Nachstammeln dessen, was man hören will. Friedrich Spee wollte theologisch nicht anzweifeln, dass es Hexen gibt – ein solcher Zweifel hätte ihn selber in die Folter gebracht. Er musste mit der Theologie seiner Zeit leben. Doch geistesgeschichtlich hielt das Zeitalter der Aufklärung Einzug, und der Spuk war buchstäblich geistesgeschichtlich überwunden. Nur die psychischen Folgen bleiben.

Wenn man wichtige Triebenergien verdrängt, sie nicht fühlen darf, sie nicht wünschen darf, nicht von ihnen sprechen darf, so verselbstständigen sie sich. In der Psyche geht nichts verloren. Es dringt auf Umwegen ins Bewusstsein. Und dann geschehen Dinge, die dem Betreffenden sonderbar sind. – Eine Frau zum Beispiel, die sich sehr nach Liebe sehnte, aber entsprechend vor ihrer Liebe Angst hatte, fühlte sich von einer bestimmten Person, nach der sie sich sehnte, mit der sie aber nicht reden durfte, so sehr verbunden, dass ihr die Vorstellung wurde, jede Nacht komme der Betreffende zu ihr und berühre sie. Anfangs waren das für sie schöne Vorstellungen, aber dann wurden sie unheimlich. Es gab keine Grenzen mehr, die Türen standen offen, es konnte jemand in ihr Zimmer eintreten, den sie nicht sah, und er erzeugte körperliche Empfindungen, die sie sich eigentlich wünschte, aber dann doch wieder nicht wünschen durfte. In einem solchen Durcheinander können Neurosen sich bis zum Psychotischen, bis zum Wahnhaften hochschaukeln. Dann haben wir Menschen vor uns, die sagen, sie seien dem Teufel anheimgefallen. – Wenn es eine Kirche gibt, die lehrt, so etwas sei möglich, dann hat es ein Psychiater in der Klinik außerordentlich schwer. Er hat es dann nicht mit einem individuellen Vorstellungsgebilde zu tun, sondern mit einer offiziell dogmatisch in Auftrag gegebenen, von theologischen Spezialisten verwalteten, kultur-traditionell in einer festen Institution für 1,2 Milliarden Menschen objektivierten Anschauung. Dagegen ist kaum anzukommen. „Es gibt doch den Teufel, glauben Sie nicht? Ja, dann können Sie mit mir überhaupt nicht reden, Sie sind ein Ungläubiger." Ein solcher Disput kann sofort zu Ende sein, weil der Therapeut sich in dieses furchtbare Weltbild des Dämonenglaubens nicht hineindenken mag.

Es wäre deshalb mein Antrag diesbezüglich, dem Gesundheitsministerium in allen europäischen Ländern zur Auflage zur machen, Exorzismus und Teufelsglauben als gesundheitsschädlich und psychologisch desaströs unter Verbot zu stellen. Wir können uns in einer freien Gesellschaft nicht zwingen lassen, von einem, Gott sei Dank, überlebten Weltbild in den Wahnsinn treiben zu lassen. Der Grund, wie es dahin in der Lehre der Kirche hat kommen können, ist, noch mal ganz einfach: Man liest die Bibel so, wie sie dasteht, wortwörtlich. Man dogmatisiert sie so, wie das historisch bedingte Verständnis seelischer Zusammenhänge vor 2.000 Jahren es nahelegte, und erklärt dieses Verständnis für eine göttliche Offenbarung. Man gibt sich damit außerstande und verbietet geradezu, die Bilder symbolisch im Inneren des Menschen nachzuvollziehen. Die Geschichten, die da erzählt werden, weigert man sich, in ihrer therapeutischen Wirkung an sich heranzulassen und die Innenwelt der geschilderten Personen zu begreifen.

Die Folge davon ist, dass die Menschen durch eine solche Theologie auseinandergerissen werden. Die theologische Außenwelt vergewaltigt die seelische Innenwelt. Was übrig bleibt, ist der naturwissenschaftliche Zugriff auf die seelisch Kranken: Neurologie, Psychopathologie und Psychiatrie versuchen dann von außen, den Patienten objektiv nach bestimmten Behandlungskategorien zu zerlegen und vor allem medizinisch, biochemisch, medikamentös und bioneurologisch zu behandeln. Auch da gibt es kaum eine Innensicht des Krankheitsgeschehens.

Genau die aber müsste von der Theologie geleistet werden. Gott wohnt im Inneren der Menschen, als Kraft zum Heilen, zum Reifen, zur Befreiung. Und das muss vermittelt werden. Wenn die Kirche nicht von selbst dahinterkommt, muss man sie gesellschaftlich dazu bringen. Es ist nicht länger zu dulden, dass wir polnische Exorzisten hier in Deutschland haben, die sich darin großmachen, Meister im Unheimlichen zu sein. – Ein anderes ist eine verständnisvolle Seelsorge, die auf die Angst von Menschen, wenn es nicht anders geht, mit quasi magischen Mitteln zu antworten versucht. Man beschwört dann nicht den Teufel, man benutzt Bildhandlungen gegen die Angst, die aus dem Teufelsglauben entsteht.

KAPITEL 8

Gott im Feuer der Religionskritik

Feuerbach

MARTIN FREYTAG: Ausgehend vom Vater der modernen Religionskritik, Ludwig Feuerbach (1804–1872), setzte ja im 19. Jahrhundert im Anschluss an die Invektiven der Aufklärung eine massive Kritik der Religion ein. Feuerbach strebte an, die Menschen „von Kandidaten des Jenseits zu Studenten des Diesseits" zu machen, wie er es einmal formuliert hat. Gott als Projektion menschlicher Wünsche und Sehnsüchte – ist diese vermeintlich philosophisch-psychologische Entlarvung und Erledigung des Gottesbegriffs durch Feuerbach überhaupt zu parieren?

EUGEN DREWERMANN: Sie ist nicht nur zu parieren, sie ist in ihrer Bedeutung ernst zu nehmen und aus ihrer Begrenztheit herauszuführen. Wir sollten noch einmal beginnen mit dem ersten Satz der Bibel: „Im Anfang schuf Gott Himmel und Erde" (Genesis 1,1). Das ist der Ausdruck des Monotheismus, im Unterschied zu den heidnisch-mythologischen Religionsformen. Damit verbunden ist die Alleinstellung Israels gegenüber den Frömmigkeitsformen der Völker. Das ist der Schöpfungsglaube, wie er sich biblisch ausspricht und in der gesamten Lehrtradition der christlichen Dogmatik mit Glauben identifiziert wird. Was viel zu wenig gesehen wird, ist die historische Bedingung, unter der dieser Satz entstanden ist.

Wir sind in der Zeit um 500 v. Chr. Man hat im babylonischen Exil innerhalb von 30 Jahren notgedrungen nochmals versucht, den gesamten Traditionsbestand, der in die Bibel später Eingang gefunden hat, neu zu ordnen, zu systematisieren, zu interpretieren. Und dieser Satz „Im Anfang schuf Gott Himmel und Erde" ist der allerspäteste. Er ist auch kein rein religiöser Satz, er ist ein hochpolitischer Satz. Er soll besagen: Wenn unser Gott uns als sein Volk berufen hat und er der Schöpfer der Welt ist, dann muss er durch uns und für uns seine Macht über alle Welt aufrichten. Wenn der Messias kommt, werden wir, die Juden, Herrscher der Welt sein als Träger der Macht Gottes auf Erden. – Das ist, geschichtlich betrachtet, eine fast verzweifelte Projektion im Status der Unterdrückung, in traumhafter Erinnerung an die inzwischen verklärte Zeit unter König David und Salomo, die man als garantierte Hoffnung wiederhergestellt sehen möchte. Darin angelegt ist ein geradezu gefährliches Denken, das in dieser Art der religiösen Erwartung aufbricht. Denn es liegt auf der Hand, dass dieser Gottesbegriff machtpolitisch genutzt werden wird und dass er überhaupt nur eine Wunschfantasie darstellt. Ist es nicht überdeutlich, dass man aus lauter Elend sich hier eine Welt vorstellt, wie sie sein müsste, um eine Antwort auf das Elend zu finden?

Was wir in der christlichen Glaubenslehre gerade und auch im Sinne der jüdischen Überlieferung unbedingt nachholen müssten, um den rechten Ausgangspunkt zu gewinnen, ist das Wissen darum, dass der erste Satz der Bibel eben nicht Genesis 1,1 ist, sondern, wenn überhaupt, Genesis 12,1–4: „Und Gott sprach zu Abraham, zieh aus aus deinem Lande und sei ein Segen für alle Völker." Die Berufung Abrahams, die Führung des Volkes – das ist die genuine Erfahrungswirklichkeit der jüdischen Religion, die dann auch ins Christentum eingeht. Die erste Frage in der Bibel ist nicht, was ist mit der Welt, sondern, was sind wir selber inmitten dieser Welt? Es ist so, wie wenn ein Kind zu seiner Mutter kommt und fragt: „Warum geht die Sonne auf?" Dann wird die Mutter nicht antworten: „Das kann sie, weil die Erde sich dreht, und dann sieht es so aus, als würde die Sonne aufgehen." „Und wieso leuchtet die Sonne?" Dann wird die Mutter nicht sagen: „Weil sie ein gigantischer Fusionsreaktor ist, in dem Wasserstoff zu Helium verbrennt bei ungeheurem Energieausstoß, und so ein bisschen bekommst du davon mit." Sie wird ganz simpel sagen: „Die Sonne geht auf, und sie scheint, damit du fröhlich morgens aufstehst." Und sie wird damit nur ihre eigene Liebe, ihr Glück im Widerschein ihrer Augen vermitteln. – In dieser Art sind alle religiösen Antworten zu verstehen. Sie bieten nicht eine Erklärung der Welt draußen, sondern sie vermitteln die Konstituierung eines Gefühls der Geborgenheit inmitten einer Welt, die uns diese Geborgenheit nicht schenken kann; mit dieser Geborgenheit gehen wir dann in die Welt einigermaßen getröstet und hoffnungsfroh, denn sie begegnet uns als Schöpfung, nicht als ein physikalisches Getriebe.

Gott als Projektionsgestalt der Menschen

Für Feuerbach schien klar, dass die ganze Religion, die Sprache von Gott, zwei Fehler aufweist. Sie ist, meinte er, zum einen projektiv, eine Wunschfantasie für eine jenseitige Welt im Zerbrechen an der Unwünschbarkeit des Diesseitigen. Darin liegt, was bei Feuerbach nicht ausgeprägt, doch angelegt ist, ein gewisser politischer und sozialer Aufruf, wir sollten denn doch gefälligst die Welt mal so verändern, dass sie gewisse wünschenswerte Züge annähme, statt uns dauernd zu vergewissern, dass das Entscheidende auch ohne unser Dazutun, weil

Gott ein guter Mann ist, von alleine auf uns zukäme. Vor allem meinte Feuerbach, dass wir im Sprechen von Gott im Grunde vom Wesen des Menschen reden, nur wissen wir das nicht. In dieser Sprache, in der die Menschen von sich selber reden, ohne es zu wissen, indem sie das Unbekannte ihrer selbst Gott nennen, sind sie sich selbst entfremdet. Und seine Aufgabe sah Feuerbach deshalb darin, mit den psychologischen Mitteln der Religionskritik diesen Vorgang rückgängig zu machen, also Gott dem Menschen als Projektionsgestalt seiner selbst bewusst zu machen und ihn dadurch in seiner eigenen Menschlichkeit sich zurückzugeben. Das sollte wohlgemerkt geschehen nicht durch Glauben, sondern durch philosophische Bewusstseinsänderung.

Wenn Feuerbach zum Beispiel über das Sakrament der Taufe redete, lag für ihn darin das Bild des Wassers als Symbol der Erneuerung – doch es endete bei ihm ganz praktisch, fast trivial: Wasser ist von Nutzen, sich zu waschen und hygienisch zu halten. Es kommt keine große Weisheit bei seiner Reduktion herum, sondern lediglich ein relativ vernünftiger Umgang mit den umgebenden Dingen, um in dieser Welt einigermaßen zurechtzukommen. Andererseits sind die Deutungen, die Feuerbach der Religion gibt, oft genug genial. Er ist der Erste, der in dieser Weise Religionspsychologie betreibt, und er macht es virtuos mit einer glänzenden Sprache.

Man muss zum Beispiel nur lesen, wie er den Marienkult auseinandernimmt. Den Gedanken der Jungfräulichkeit verbindet er mit entsprechenden Wünschen und Widersprüchen, und das 60, 70 Jahre vor Sigmund Freud. Seine Analyse ist ohne Zweifel brillant. Er hat vor allem auch recht, darauf hinzuweisen, dass in der Religion zumeist so geredet wird, als wenn über etwas außerhalb von uns selbst gehandelt würde. So wie wir in Kapitel 7 noch sagten: Wir stellen uns etwa einen Teufel vor, statt zu begreifen, dass das, was wir böse nennen, in uns selber liegt und integriert werden sollte; wenn es hingegen von außen kommt als eine fremde Übermacht, können wir ihr nicht standhalten; dann beten wir zu einem Gott um Hilfe, der wieder draußen bleibt. Stattdessen sollten wir Gott als eine Quelle des Vertrauens glauben dürfen, die unsere Angst besiegt und einen ehrlichen Umgang mit uns selbst erlaubt. Das aber ist gerade nicht die Idee von Feuerbach.

Vorläufer: Auguste Comte und G.W.F. Hegel

Feuerbach geht eigentlich religionshistorisch auf Quellen zurück, die sich im 19. Jahrhundert langsam bilden. Bei Auguste Comte (1798–1857) wird das in kurzer Form und sehr angreifbar, aber gut verständlich ausgedrückt. Er meint, die Bewusstseinsgeschichte der Menschen habe drei Phasen durchlaufen. Am Anfang habe der Animismus gestanden: Alles, die Bäume, die Berge, das Wasser, galten als belebt; überall sah man göttliche Kräfte am Werke – in den Höhlen, in den Blumen, in den Quellen, ganz so, wie es die Griechen in ihren Mythen erzählen konnten. In allem nahmen sie eine Erscheinung göttlicher Kräfte im Hintergrund wahr. Danach, meinte Comte, sei die Philosophie entstanden in Gestalt des Idealismus. Man glaubte nicht mehr an Götter, wohl aber an geistige Kräfte, denen man rationale, logische Strukturen zuschrieb und die man mit Mitteln des Vernunftgebrauchs, des Denkens, verständlich machen wollte. Aber auch das sei schließlich abgelöst worden durch die Naturwissenschaften. Jetzt, auf dieser dritten Stufe der Bewusstseinsentwicklung, unternimmt man es, durch Beobachtung und Mathematik die Welt so zu erforschen, dass sie auf präzise Fragestellungen eine exakte Antwort geben muss. Diese Einstellung verbreitet sich als Forschungsmethode in Windeseile seit dem 19. Jahrhundert in der westlichen Welt und behauptet heute fast den gesamten Teil unserer geistigen Tätigkeit. Naturwissenschaft und Technik verdrängen aus unserem Bewusstsein so gut wie alle anderen Fragestellungen, etwa der Philosophie oder der Ethik. Wo auch gibt es noch Poesie, wo gibt es die Geduld, einen 600 Seiten langen Roman von Dostojewski oder Tolstoi zu lesen? Wer lernt zweckfrei mal ein Gedicht auswendig? So etwas bringt ja nichts, nutzt ja nichts, ist ineffizient, es vermehrt nicht das Bruttosozialprodukt – wir haben Wichtigeres zu tun. Wenn wir also schon unseren Geist anstrengen, dann sollten wir ihn genau in diese Richtung der Vermehrung und Verbesserung der Produktionsmittel und der Quantifizierung der Produkte sowie deren Konsum lenken.

Ich möchte mit Nachdruck darauf hinweisen, dass diese Entwicklung fatal ist. Sie darf so nicht bleiben, und schon deshalb brauchen wir etwas gründlich anderes, als Feuerbach sich vorstellte.

Er selber hatte neben Comte einen weiteren großen Lehrmeister. Im Jahre 1802 hatte Georg Wilhelm Friedrich Hegel (1770–1831) ein kleines Buch geschrieben, das für sein gesamtes gewaltiges Werk richtungsweisend war: „Glauben und Wissen". Darin beschreibt Hegel genau das Problem, von dem wir schon ansatzweise gesprochen haben: Wissen ist ein exakter Zugriff auf die erkennbare Welt; damit allein aber kommen wir nicht zurecht. Die Religion indessen stellt uns ein Gebäude vor, das wir jenseits allen Wissens glauben sollen. Und nun zeigt sich im Verlauf der Aufklärung, dass beides nicht ineinandergeht. Kritische Reflexion zeigt, dass das, was geglaubt wird, der wissenschaftlichen Erkenntnis prinzipiell nicht zugänglich ist. An dieser Stelle sollten wir den Problemansatz noch einmal ruhig vertiefen. Was da Glauben heißt, ist in der schon erwähnten Diktion lediglich der Zustand eines Noch-nicht-Wissens, eines Unwissens, der aufgehoben werden sollte. Bei Hegel aber wird der Glaube, die Religion, aus ihrer Unwissenheit nicht aufgehoben in die Wissenschaft, sondern in eine höhere Form der Vernunft, die uns als Menschen zugehört. Hegel betrachtet die gesamte Religion ähnlich wie sein Gegner Schopenhauer, der sie als Metaphysik fürs Volk bezeichnete, als etwas, das der Vorstellung dient, aber des Begriffs entbehrt. Dementsprechend, meinte Hegel, müsste die religiöse Welt der Vorstellung aufgehoben werden in die Klarheit philosophischen Denkens. Die Religion in die Philosophie. Wenn es so steht, begreift man, dass für Hegel Gott das sich entwickelnde Bewusstsein des Menschen ist und seine Darstellung in der Vernünftigkeit der Weltordnung selber anzutreffen sein muss. Nach Hegel gelangt Gott in der menschlichen Geschichte zum Bewusstsein seiner selbst; er ist Geist, und er schlägt im Menschen seine Augen auf; Gott erkennt sich im Menschen, und der Mensch erkennt sich, indem er die Vernunft in den Gesetzen der Natur und in dem stufenweisen Verlauf seiner eigenen Geschichte begreift. Wenn das so ist, liegt die Umkehrung auf der Hand: Warum sagen wir nicht gleich: Alles, was menschlich ist, ist Gott? Dann aber sind wir schon nicht mehr bei Hegel, sondern bei Feuerbach. Wir müssen die Identität von Gott und Mensch lediglich von der anderen Seite her betrachten.

Der entscheidende Einwand gegen Hegel bereits lautet, dass die Religion sich nicht auflösen kann in ein philosophisches Wissen. Wir haben es bei ihr zu tun mit Symbolen, nicht mit Begriffen. Das ist etwas, das Hegel als Problem so nicht gesehen hat und in fataler Weise die Theologen bis heute zumeist auch nicht. Die Symbole, deren sich die Religion bedient, sind genau das Gegenteil von Begriffen. Und nun muss man sogar psychiatrisch sehr klar sagen: Wer den Unterschied von Symbol und Begriff nicht in aller Deutlichkeit beibehält, verwechselt Subjekt und Objekt, Innen- und Außenwelt, Bedeutung und Sachverhalt; er gerät in den Irrsinn.

Esoterik: Beispiel für die mangelnde Unterscheidung von Symbol und Begriff

So haben Sie heute als Religionsersatz zum Beispiel in der Esoterik lauter Vorstellungen, die symbolisch eventuell sinnvolle Interpretationen der Welt verwenden wie Begriffe und damit umgehen, als wenn man naturwissenschaftlich mit ihnen hantieren könnte. Das Lieblingswort der Esoterik ist Energie, ein Zauberwort geradezu. Der Begriff wird nicht physikalisch verstanden, sondern eigentlich symbolisch. Ein Beispiel: Zwischen zwei Menschen, die sich lieben, tauscht sich psychisch eine starke „Energie" aus, natürlich. Aber das Wort wird jetzt so verstanden, als wenn da eine objektive Energie am Werke sei, die instantan über Fernwirkungskräfte verfügt, sodass zwei Menschen, die voneinander getrennt sind – der eine ist in Shanghai, der andere in New York –, miteinander verbunden sind, schon dadurch, dass sie aneinander denken. Eine unmittelbare Übertragung wird da angenommen: Man kann voneinander wissen, telepathisch – es ist alles möglich. Eine Aussage, die psychologisch, symbolisch sinnvoll ist – wir sind verbunden miteinander im Gefühl, wir denken aneinander, Raum und Zeit trennen uns seelisch nicht –, wird jetzt in etwas quasi Objektives, Wissbares, Messbares verwandelt. Die Kategorien der Vernunft oder der Philosophie übertragen sich dann in Naturwissenschaft. Einen solchen Weg sollten wir nicht gehen.

Religion ist dazu da, gelebt zu werden und sich in der Existenz zu bewahrheiten

Bei Feuerbach ist es denn auch in gedanklicher Klarheit anders. Er lehnte Hegels Onto-Theo-Logik als eine rein metaphysische Spekulation ab; er verwandelte sie aber nicht in eine Art Psychophysik, er reduzierte rein psychologisch die Ideen der Religion auf Gefühle und Sehnsüchte, die im Menschen liegen, sowie auf Vorstellungen, in denen das Wesen des Menschen selber zur Anschauung kommt, allerdings hineinprojiziert in etwas Göttliches. Schon gegen Hegel wandte Feuerbach ein, dass dessen Seins-Logik nicht darstellt, wie Gott sich selbst denkt und verwirklicht, sondern wie der Mensch zum Selbstbewusstsein gelangt. Und so auch in der Religion. „Gott" ist für Feuerbach das Wesen des Menschen. Die Aufgabe der Religionsphilosophie stellt sich damit psychologisch: Es gilt, alle Begriffe und Mysterien der Religion, insbesondere des Christentums, rückzuverwandeln in Aussagen des Menschen über sich selbst. Christus zum Beispiel wird dogmatisch geglaubt als einzigartig: Er ist Gottes Sohn; damit aber, meint Feuerbach, tut die Theologie der Anthropologie unrecht, indem sie die Würde der „Gottessohnschaft" von einem Einzigen aussagt und damit allen anderen wegnimmt. Die Wahrheit des Christlichen indessen liegt in dem Gedanken der „Göttlichkeit", der absoluten Würde *aller* Menschen.

In gewissem Sinne klingt das tatsächlich so, wie wir es als Botschaft Jesu immer wieder herausgestellt haben, und dennoch ist diese „Aufhebung", oder, bei Feuerbach richtiger: diese Reduktion des Religiösen, eine Rechnung ohne den Wirt. Feuerbach spricht dem Menschen (wohlgemerkt: dem Wesen des Menschen, nicht dem Einzelnen) eine „göttliche" Würde zu, indem er Gott als Realität beseitigt; er begründet eine Aussage, die gelten soll, mit einer Aussage, die er als ungültig betrachtet. Gott ist Mensch geworden, sagt das Christentum; das, erkennt richtig Feuerbach, ist eine mythische, projektive Aussage, die von den Theologen fälschlich als metaphysisch objektiv interpretiert wurde. Eine korrekte Kritik daran sollte die Christologie jedoch nicht in das „Wesen", sondern in die Existenz des Menschen rückübersetzen: Nicht „naturhaft", „seinshaft", wie die griechischen Kirchenväter meinten, war Jesus „Gottes Sohn", sondern persönlich, in seiner Lebensführung, existenziell, in Vertrauen wurde Jesus „versöhnt" mit Gott und schenkte damit allen, die an ihn glauben, dieselbe „Gottessohnschaft" des Vertrauens, wie Paulus immer wieder betont (Römer 8,15.23; Galater 4,5; Epheser 1,5). Alles hängt daran, dass Gott als die grundlegende Wirklichkeit geglaubt und vorausgesetzt wird; erst dadurch wird die symbolische Rede von der „Versöhnung" mit Gott und der „Kindschaft" in Gott durch Christus sinnvoll. Feuerbach aber überträgt das christliche Dogma eben nicht in die Existenz jedes Einzelnen, sondern er nimmt es als eine Seinsaussage über das Wesen des Menschen an sich; der Gottesbegriff hebt sich damit selbst auf, und das menschliche Dasein gründet sich – auf Nichts beziehungsweise auf die Leere, die Gott gelassen hat, indem man ihn entfernt hat. Diese Leere, der unendliche Abgrund, über dem die menschliche Existenz in ihrer Nicht-Notwendigkeit lagert, soll jetzt, muss jetzt von der „Natur" geschlossen werden, von der Realität draußen, und da wissen wir inzwischen, dass das nicht geht. Feuerbach löst kein Problem, er schafft ein unlösbares Problem.

Vor allem müssten wir Feuerbach fragen, woher er denn das Vertrauen nimmt, dass wir in dieser Welt jemals zu Hause sein könnten? Im Neuen Testament heißt es einmal, unsere Heimat, unser Staatswesen sei im Himmel (Philipper 3,20). Paulus will damit sagen, die Religion, der Glaube an Christus, basiere zentral auf der Unabgegoltenheit der menschlichen Bedürfnisse. Wonach wir uns sehnen, ist etwas prinzipiell Unerfüllbares, etwas hier auf Erden nie Erreichbares. Und dieser Überhang, diese Transzendenz unseres Begehrens, unseres Wünschens, unserer Suche nach wirklichem Glück, eben weil sie die Endlichkeit der Welt übersteigt, gleichwohl aber in dieser Form zu uns Menschen gehört, wird nie damit einverstanden sein, dass man in Feuerbach'scher Manier die Religion reduziert auf irdische Bedürfnisbefriedigungen. Da irrt Feuerbach im Kern, weil er weder die Not der menschlichen Existenz in der Endlichkeit von Raum und Zeit hier auf Erden für die menschliche Existenz begreift noch auch das, was am Hegel'schen Versuch wirklich bemängelnswert ist: die Aufhebung der Religion in die Philosophie und hernach sogar in den preußischen Staat. Das ist ein Verrat an jeder Religion. Religion ist nicht dafür da, doziert zu werden und sich in Begrifflichkeiten aufzulösen, die ein vermeintlich objektives, vernünftiges Wissen ergäben; sie ist dazu da, gelebt zu werden und sich in der Existenz zu bewahrheiten.

Abraham etwa gilt in der Bibel als Vater, als Wesensgestalt des Glaubens (Römer 4,16). Als Gott ihn herausruft aus dem Lande Ur (Genesis 12,1), macht er sich auf in ein völlig Unbekanntes, von dem er nichts weiß, nur weil Gott es gesagt hat. Da ist eine Sehnsucht, die Abschied nimmt von allem Gewohnten, von allem Vertrauten, von allem familiär Gegebenen – ein Abenteuer, das ein Bild für unsere ganze Existenz ist: So angerufen, gelangen wir zu uns selbst, zur Freiheit, zu einem „Ort" (einem Standpunkt der Existenz), an dem wir wirklich Zuhause sind, im Übergang hier auf Erden, vorübergehend wenigstens. Hegel fand das unbefriedigend. Abraham gehorchte ja nur, aber er verstand Gott nicht; er hätte Gott verstehen müssen, indem er vernunftgemäß ihn dachte, doch dann hätte er ihm nicht mehr gehorchen müssen. Er hätte einen Lehrstuhl in Ur beziehen und den Chaldäern beibringen können, wie man Religionsphilosophie doziert. Doch es geht um eine ganz andere Frage: wie man Gott lebt, indem man die menschliche Angst beruhigt; und das geht nicht mit einem Turmbau von Begriffen.

Das nun ist der Punkt, an dem, in Ergänzung der Hegel-Kritik, das Berechtigte bei Feuerbach einzusehen ist, aber auch zugleich in seiner Begrenztheit durchschaubar wird. Man muss reden von Menschen, von menschlichen Gefühlen, um Religion zu verstehen, um zu zeigen, wie der Glaube an Gott in Menschen wirkt. Das ist vollkommen richtig. Doch der entscheidende Unterschied wird dabei deutlich: Bei Feuerbach haben wir lediglich Wünsche vor uns, die man, weil auf Erden noch nicht vollkommen befriedigt, in das Unendliche wirft. Doch es geht eben nicht um Wünsche, die man besser auf Erden statt ersatzweise im Himmel, besser in der sinnlichen Realität als in einer geistigen Fantasterei, im wirklichen Leben statt im Glauben befriedigen sollte; im Zentrum der menschlichen Existenz, im Kern von allem steht die Problematik der Angst, der Freiheit und der Kontingenz, Fragen also, auf welche keine endliche Welt jemals zu antworten vermag und für deren Lösung wir unbedingt Gott brauchen, um richtig zu leben. Keine noch so reflektierte analytische oder dialektische Philosophie kann uns bei der Hand nehmen und die Religion ersetzen. Die Feuerbach-Kritik ist ein wichtiger Schritt in der Religionsphilosophie des 19. Jahrhunderts gewesen; sie ist hoch spannend, und man muss sich mit ihr auseinandersetzen. Aber ich glaube, wir müssen nicht immer wieder durch den „Feuerbach" wie das Volk Israel durch das Rote Meer ziehen, um ins Gelobte Land zu kommen.

Nietzsche

MARTIN FREYTAG: Und an einem Satz, Herr Drewermann, kommen wir natürlich auch nicht vorbei, jenem berühmten Satz von Friedrich Nietzsche: Gott ist tot. Ich habe ihn hier bewusst verkürzt zitiert, wie er auch sonst in allen möglichen Kontexten und Interessenhorizonten kolportiert wird und auch als Frage im Religionsunterricht immer wieder auftaucht. Auch in dem bekannten Buch „Der gekreuzigte Gott" des evangelischen Theologen Jürgen Moltmann von 1972 scheint das Nietzsche-Zitat durch. Wie sollen wir mit diesem Satz umgehen?

EUGEN DREWERMANN: Das Problem beginnt damit, dass wir diesen Satz mit Nietzsche identifizieren. Doch schon die kleine Schrift „Glauben und Wissen" von 1802 aus der Feder Hegels enthält diese Aussage. Da spricht er von dem Gefühl der neuen Zeit, auf welcher die Gegenwart beruht: „Gott ist tot." Hegel macht das fest an der Unglaubwürdigkeit der dogmatischen Religion angesichts der Aufklärung. Kant bereits hatte gezeigt, dass die Naturwissenschaft gar nicht zulassen kann, dass es göttliche Eingriffe von außen gibt oder dass es Wunder als unerklärbare Phänomene jenseits des Kausalsatzes gibt.

Naturwissenschaft kann all das, was die Religion an Außerordentlichem, gewissermaßen Abergläubischem mit Gott verbindet, nicht länger hinnehmen. Damit zerfällt die gesamte christliche Dogmatik in ihrer tradierten Form, weil sie – wie immer wieder zu sagen – nicht symbolisch denkt, sondern so tut, als wenn sie objektive Wissbarkeiten über Tatsachen, vor allem geoffenbarte historische Tatsachen, vermitteln könnte; sie vermeint, die unglaublichsten Dinge als Glaubensinhalte vorschreiben zu können, weil sie so in der Bibel stehen. Weil es die Bibel sagt, muss es so gewesen sein, dann war es ein Faktum. Auf die Idee auch nur, dass die Bibel nicht historische Tatsachen als solche schildert, sondern die Deutung menschlicher Erfahrungen in symbolischen Erzählungen vorlegt, kommt selbst die heutige Theologie immer noch nicht. Wie glaubt man an die jungfräuliche Geburt? An die Himmelfahrt Jesu? An die wunderbare Brotvermehrung? Das durchzieht das ganze Neue Testament und ähnlich natürlich auch schon das Alte Testament. Ein Ausweichen ist seit den Tagen der Aufklärung, seit Immanuel Kant, definitiv nicht mehr möglich. Es hat nicht geholfen, dass die römische Kirche bis 1965 Kant auf den Index der verbotenen Bücher gesetzt hat. So kommt es zu keiner geistigen Auseinandersetzung und Entwicklung. Hegel wusste noch zu Lebzeiten Kants, dass, wenn von Religion die Rede sein soll, in Zukunft sich ihr Bewusstseinszustand dramatisch ändern muss. Im Tübinger Stift versuchte man die Rettung der Religion, der christlichen Religion, der Dreifaltigkeitslehre mit philosophischen Mitteln. Doch hat da Feuerbach recht: Ein Gott, der im menschlichen Bewusstsein geboren wird, bleibt tot, er wird mit Hegel ganz sicher nicht lebendig. Im Gegenteil; was Hegel anbietet, ist trotz seiner Begeisterung für die Freiheitsparolen der Französischen Revolution am Ende eine Staatsideologie, in der die Religion sich aufhebt als Erstes in die philosophische Vernunft und als Zweites in die objektive Vernunft der Gesetzgebung des preußischen Staates. Mit dieser kommt die Vernunft gewissermaßen an das Ende der Geschichte. Wie soll man so etwas glauben?

Der Christengott der Gnade und Güte ist tot

Für Nietzsche steht fest, dass Gott nur ist im Bewusstsein von Menschen, dass er also nicht existiert – und dass er stirbt, sobald man das begreift. Doch wovon oder, richtiger: warum glauben Menschen, dass Gott existiert? Da muss man psychologisch ehrlich sein. Woran hat man denn geglaubt zum Beispiel in Israel? Gerade noch haben wir als Glaubensinhalt der Exulanten in Babylon erwähnt, dass da endlich ein Gott wäre, der dazwischengeht, der sein Volk aus jeder Krise herausholt, der ihm Macht verleiht. Was man braucht, ist ein starker Gott. Einer, der hassen kann, der rächen kann, der die Faust ballen kann. Nicht ein windelweicher Jesusgott, der jedem Schaf hinterherläuft, der alles gütig und barmherzig einhüllt. Ein kraftvoller Gott, wie er in der Natur wirklich vorkommt, ist für die Menschen glaubwürdig. Also: Die Macht ist im Grunde das Symbol für Gott, meint Nietzsche. Und entsprechend haben alle Völker ihren Gott, starke kräftige Götter, kämpfende Götter, Kriegsgötter. Wenn Nietzsche sagt, Gott ist tot, dann will er sagen, der Christengott der Gnade und Güte ist tot, er war nie mehr als eine Vorstellung, doch diese Vorstellung wird widerlegt von der Wirklichkeit. Eigentlich hat man sie noch nie wirklich geglaubt. Schaut euch doch das an! Da haben wir einen preußischen Offizier nach dem Sieg von 1870 über den „Franzmann"; derselbe Bursche, der soeben noch voller Begeisterung Menschen getötet hat für die Größe Preußens, geht hernach in den Dankgottesdienst und preist den Herrn für den Triumph des Siegs auf dem Schlachtfeld. Er begreift nicht einmal den Widerspruch zu dem gepredigten Gott des Christentums. Man hört da von der Demut, die ein Christ pflegen soll. Aber glaubt man denn das wirklich? Schlagt doch, meint Nietzsche, das Neue Testament einmal auf und seht, was ihr da lest. Ein Christ ist jemand, der alles anders macht und viele Dinge überhaupt nicht macht. Er geht nicht zum Gericht (Matthäus 5,23–26), er schafft nicht Gelder an (Matthäus 6,19–21), er kämpft nicht an der Front (Matthäus 5,38–42), er hilft den Schwachen und den Armen (Matthäus 25,31–46), er fürchtet das Leid nicht, sondern fühlt sich damit verbunden; er nimmt keine Rache, sondern er sinnt auf Vergebung und Versöhnung (Matthäus 5,38–42). Christus verkündete kein Kommen des Reiches Gottes, meint Nietzsche, er schaffe einen Seelenzustand, in dem das Glück der Gottesnähe gegenwärtig ist. Das war seine Botschaft. Die aber ist nicht von Priestern zu verwalten, und die Frage stellt sich, ob ein solcher Gott, wie er durch Jesus innerhalb des Judentums in die Welt gekommen ist, noch glaubhaft sein kann. Wer glaubt denn noch wirklich? Wo unter all denen, die sich gläubig nennen, lebt denn in der Wirklichkeit irgendwas von dem, was im Neuen Testament steht?

Was wir sehen als Kirche, als verfasstes Christentum, ist die glatte Widerlegung, die reine Lüge. Das Christentum, schrieb schon Feuerbach, ist ein Antichristentum, die Widerlegung seiner selbst, der Widerspruch von gelehrter Idee und gelebter Wirklichkeit. Also übersetzen wir es zurück, schlägt Nietzsche vor, in das, woran die Menschen wirklich glauben. Ersetzen wir das ganze Reden von dem Christengott durch den Griechengott Dionysos. In dem ist Leidenschaft verkörpert, da ist Kraft, da ist Wollust, da ist Energie. Und hören wir auf, den verchristlichten Gott in der Philosophie Schopenhauers uns beibringen zu lassen, nach dessen Logik das Leid den Schöpfergott widerlegt und nur das Mitleid ein Zeichen wahrer Menschlichkeit wäre. Das Mitleid, meint im Gegenteil Nietzsche, mache den Menschen nur schwach, nachgiebig und weich; es fördere das Kranke, es lasse zu, dass das Unfähige in der Gesellschaft Platz findet; es mache aus dem Zusammenleben so was wie eine russische Irrenanstalt, gefüllt mit Dostojewski'schen Menschen.

„Dionysos als Gott", die Welt als Ringen um Macht

Dionysos als Gott betrachtet Nietzsche als Ausdruck psychischer Ehrlichkeit. Er glaubt nicht im Sinne der Griechen an einen Gott, wie die Christen an ihren Schöpfergott glauben, aber er will mit der Formel „Dionysos als Gott" das Problem lösen, dass wir die Welt ständig nach moralischen Begriffen absuchen, nach Gut und Böse, nach Leid und Glück, nach allesamt menschlichen Begriffen. Wir müssten lernen, meint Nietzsche, das notwendige Leid in Natur und Geschichte zu akzeptieren und zu integrieren. Dann erscheint uns die Welt wie der Rausch des weinseligen Gottes Dionysos: Sie ist gigantisch groß an Kraft. Sie ist faszinierend an Schönheit. Wohl, sie verschlingt und frisst, doch gerade dadurch bringt sie ihre eigene ästhetische Rechtfertigung im Glanz der Geschmeidigkeit ihrer Geschöpfe hervor. Davor also sollten wir nicht Angst haben, darauf sollten wir uns einlassen. Dieser Dionysos Nietzsches oder dieser Pan ist nicht der Teufel. Er ist der ohne verfälschende, verweichlichende Lügen sichtbare reale Abdruck dessen, was wir Welt nennen.

Und so beschreibt sie schließlich Nietzsche: Soll ich dir zeigen, was Welt ist? Ein ungeheurer Strom von Energien. Und alles ein Ringen um Macht. In diesem Zusammenhang findet sich der bekannte Satz aus Nietzsches „Zarathustra": „Wenn es Götter gäbe, wie hielte ich es aus, kein Gott zu sein." Es soll keinen Mächtigeren geben als mich selber, meint das. Es sind Sätze, die an die Grenze des Erträglichen gehen und aller Gefahr des Missbrauchs offenstehen. Nicht umsonst hat der Nationalsozialismus mit Nietzsche im Tornister den Zweiten Weltkrieg vom Zaun brechen können. Wenn sogar und besonders die Grausamkeit ein Zeichen dionysischer Weltgestaltung ist und sein muss, verrät sich die Menschlichkeit an sich selber. Freilich, wer glaubt denn an den Gott Jesu Christi? An den Vater der Menschen, den Jesus uns zu bringen kam? Eigentlich nur wenn wir das täten, wäre Nietzsche zu widerlegen. Er hat, wie gerade erwähnt, Jesus auf eine wunderbare Weise interpretiert, wie man sie bei den Theologen immer wieder vermisst. Wir sind heute dabei, so rasch zu strafen, und die Kirche sogar in den eigenen Reihen tut das. Bei Nietzsche steht: „So zeigt mir doch eine Gerechtigkeit, in der die Liebe wirklich ist. Zeigt mir doch eine Gerechtigkeit, die des Strafens nicht mehr bedarf." Das ist so christlich gesprochen, als es nur sein kann. Nietzsche war ein tiefer Psychologe, und er mochte die Menschen zur Ehrlichkeit treiben mit eiserner Rute. Er wollte sie nicht heilen, er wollte Krankheiten ausrotten. Und das allerdings ist sehr gefährlich. Der Kampf gegen das Schopenhauer'sche Mitleid lässt am Ende Parolen entstehen und bringt eine Weltsicht mit sich, in der man mit ehernen Schuhen über die Erde geht. Man müsste deshalb sagen: „Gott ist nicht tot. Im Leiden der Menschen ist er umso lebendiger."

Der Übermensch, losgekettet von Gott, Gesetz und Gesellschaft

Dann allerdings müssen wir uns fragen, was denn in der Gottesferne, in dem Gefühl, Gott ist tot, aus den Menschen wird? Hat da nicht Nietzsche völlig recht? Was zeigt uns die Natur? Das Starke siegt, das Kräftige setzt sich durch. Das mit den besten Zähnen ist das tüchtigste Raubtier. Das übliche Bild vom Kampf ums Dasein. Nietzsche hat nicht darwinistisch gedacht, weil dann immer nur die Rasse und die Art dabei herangezüchtet werden. Nietzsche wollte in Kampf und Auseinandersetzung den Übermenschen hervorbringen, ein Individuum, das vorangeht. Dafür akzeptierte er die Vorstellung vom Sieg mit allen Mitteln, und zwar nicht erst über die Natur in der Interpretation Darwins, sondern psychologisch, aus eigener Einsicht und Erfahrung.

Psychologisch müsste man sagen: Nietzsche bekämpfte sich selber, er wollte kein Muttersöhnchen sein, erzogen von Frauen, er wollte ein Mann sein – bis zur Tollheit. Er selber litt an der Syphilis; folglich hatte er chronische Migräne, er war dabei, fast blind zu werden. Aber unbedingt musste er sich zum Krieg gegen Frankreich melden. Ein Mann, der Französisch sprechen konnte wie Deutsch – aber kämpfen und stark sein! Er war tatsächlich nur eine Belastung an der Front, er kam sofort ins Lazarett. Er übernahm sich physisch an jeder Stelle. Aber er musste stark sein, um nicht schwach zu sein. Das ist eine Brechung in der ganzen Psychologie Nietzsches. Hätte er sich doch einmal erlaubt, krank zu sein, schwach zu sein, Mensch zu sein.

Es gibt eine erschütternde Szene, in der deutlich ist: Gott kann überhaupt nicht tot sein, und es darf aus dem Menschen im Schatten des gestorbenen Gottes nicht die Bestie werden, die Nietzsche fast umschwärmt hat. In Turin, kurz vor seinem Lebensende, wird überliefert, dass Nietzsche einem geschundenen Karrengaul entgegenging und ihn umarmte. Die gesamte gequälte, gepeinigte Kreatur, verkörpert in einem Tier, ging ihm zu Herzen, weil er begriff: Das bin ich selbst. Genau das aber war der Gedanke Schopenhauers. Und er ist zurückzuführen auf die Haltung Jesu. Der Arme am Straßenrand – das bist du selbst. Und wie du mit ihm umgehst, entscheidet darüber, inwieweit du dich selbst begreifst. Der gestorbene Gott zeigt uns eine unmenschliche und entmenschte Welt, aus der wir überhaupt erst wieder aufwachen, wenn wir begreifen, dass die Gottesferne ein einziger Selbstbetrug ist. Wir müssen nicht sein wie Gott, und wir werden niemals sein wie Gott. Wir glauben an Gott, damit wir sein dürfen als Menschen, die in dieser Welt sich als humane Wesen beibehalten und zu ihrem Menschsein sich entwickeln dürfen. Nietzsche hat auch mal gesagt: „Was fällt, soll man stoßen." Nach allem, was wir jetzt sagen, müssten wir umgekehrt sprechen: Das, was Christentum war, fällt in unserer Kultur geistig scheinbar immer tiefer und unaufhaltsamer. Aber man sollte es auffangen, in die Arme nehmen und emportragen auf die Bergesgipfel des Herzens, auf die es gehört.

Marx

MARTIN FREYTAG: In gewisser Hinsicht schwimmt Karl Marx (1818–1883) mit seiner Kritik der Religion im Fahrwasser von Feuerbach. Im Blick auf die durchaus dramatischen sozialen Verhältnisse seiner Zeit, wobei er vor allem England im Blick hatte, warf Marx dem Christentum eine bloße Jenseitsvertröstung vor, die ablenke von einer humanen Gestaltung von Geschichte und Gesellschaft. Halten Sie diese Kritik für zutreffend?

EUGEN DREWERMANN: Der philosophisch einfachste Satz der Religionskritik des 19. Jahrhunderts steht lange vor Kant, Hegel und Feuerbach bei David Hume (1711–1776). Es ist ein logisches Problem. Hume meinte, die Gottesbeweise des Thomas von Aquin (1225–1274), die fünf Wege, die jeder Theologe in der Ausbildung mal gelernt haben wird, sind schon dadurch unhaltbar und entbehren ihrer Logik, dass man versucht, von einer unvollkommenen Welt auf ein vollkommenes Wesen zu schließen, von einer endlichen Wirkung also, welche die Welt ist, auf eine unendliche Ursache, welche Gott ist. Ein solches Schlussverfahren ist nicht schlüssig. Ähnliches haben wir mit Epikur bereits verbunden 300 v. Chr. Es ist immer das Gleiche: Wenn wir von Gott sprechen als von einer ursächlichen Wirkmacht in der Natur oder auch jenseits der Natur, statt Religion als symbolische Sprache zur Begründung, Stärkung, Sinnerfüllung und Bewahrheitung des Menschen zu verstehen, geraten wir in Probleme, die nicht mehr lösbar sind.

Mit Karl Marx hat die Kulturpolitik der alten DDR in gewissem Sinne die gleiche Frage gestellt. Die Sowjets in Russland haben gemeint, man müsse die Religion bekämpfen. Sie haben die orthodoxen Kirchen geschlossen und Schwimmbäder daraus gemacht oder Kunsthallen, sie haben die Popen verjagt, die Kreuze von den Dächern geholt. Sie wollten die Religion aktiv zerstören. In der DDR war man eigentlich marxistischer als die Bolschewiki. Man fragte sich, was haben wir denn gelernt von Marx und Engels? Religion besteht aus zwei Voraussetzungen. Das eine ist die Unwissenheit des Menschen gegenüber der Natur, da bilden sich diese animistischen, abergläubischen, fantastischen Vorstellungen des Göttlichen; doch das hebt sich von ganz alleine auf durch den Fortschritt der Naturwissenschaft. Wenn wir erst einmal wissen, wie Elektrizität funktioniert, können wir einen Blitzableiter an die Hauswand stellen und brauchen keine Barbarazweige mehr bei Gewitter zu entzünden, damit kein Blitz einschlägt. Wir können die Kräfte der Natur, weil wir sie zunehmend besser kennen, auch zunehmend besser nutzen. Das Wissen ersetzt so den Glauben. Das zweite ist die Magie, die in der Religion lebt und ein Verfahren göttlicher Wunscherfüllung darstellt; sie erübrigt sich durch die Nutzanwendung der Naturkenntnisse in Gestalt der Technik. Beide also, Wissenschaft und Technik, heben die Religion in ihrer Theorie und in ihrer Praktik von alleine auf. So hat man es den Kindern in der Schule beigebracht und noch mit Feuerbach verstärkt hinzugefügt: Geboren wird die Religion aus einem falschen Verhältnis des Menschen zur Natur. Aus der Unwissenheit entsteht eine abgründige Angst, die man mit abwehrenden, apotropäischen Riten, mit magischen Mitteln, fernhalten möchte. So weit das schon Bekannte.

Religion ist Instrument des Klassenkampfes in den Händen der Besitzenden

Die eigentliche Leistung, die bei Marx auftaucht, besteht religionspsychologisch darin, dass er das Problem in die Soziologie verschiebt, indem er die Frage stellt, was mit einer Gesellschaft los ist, die Religion benötigt. Diese Frage ist deshalb erstaunlich, weil bei Feuerbach die Rede von Gott sich bezieht auf das Wesen des Menschen und in diesem Sinne solange zum Menschen gehört, als er die Projektion des Eigenen ins Göttliche nicht durchschaut und revidiert. Für Marx wird daraus ein gesellschaftlich bedingter Zustand der Entfremdung. Das geschieht, indem er die Hegel'schen Entwicklungsstadien der Geschichte verbindet mit bestimmten sozialen Schichtungen und Verhältnissen. Die Menschen denken nicht als Erstes in Begriffen, sondern ihre Begriffe leiten sich ab aus ihren sozialen Zuständen. Marx betrachtet alles das, was in der Hegel'schen Philosophie über die Religion gesagt wird, als einen geistigen Überbau, der die Realität verbrämen soll.

Das haben wir soeben schon ein Stück weit angedeutet: Man spricht von Gott, aber man landet beim Preußenkönig. Man spricht von der Allmacht Gottes, und siehe da, man rechtfertigt die Allmacht des Staates. Man spricht von der Vernunft und meint die Gesetzgebung der Preußen. Wenn es so steht, muss man die Dinge einfach umdrehen. Die Rede von Gott war die ganze Zeit in Wahrheit eine Rede von der irdischen Macht, von der staatlichen Gesetzgebung, von den sozialen Verhältnissen. Auf diese Inhalte also müssen wir die Religion zurückführen.

Daraus ergibt sich: Religion ist nötig, solange es unterdrückte und entfremdete Menschen innerhalb der Sozietät gibt. Denen redet man ein, dass es einen Himmel gibt, um sie still zu halten. Sie sollen keine Revolution gegen die bestehenden Verhältnisse anzetteln. Sie sollen sich in der Religion trösten lassen, zufrieden sein und abwarten, indem sie alles, was sie sonst noch wünschen, in das Jenseits auslagern. Das klingt ein Stück weit nach Feuerbach, aber es bekommt jetzt eine politisch analytische Schärfe, die bei Feuerbach nicht entfernt anzutreffen ist. Religion ist für Marx das Instrument eines Klassenkampfes in den Händen der Besitzenden.

Die Idee von einem Reich Gottes auf Erden ...

All diese Leute, die wir hier anführen, haben so viel Richtiges und Berechtigtes gesagt, dass wir es als solches in Ruhe auf seinen Erklärungswert hin prüfen sollten. – Sie schlagen eine Zeitung auf, die damit wirbt, dass hinter ihr ein kluger Kopf sitze. Diese Zeitung, die in Frankfurt erscheint, präsentiert im Hauptteil Wirtschaftsinteressen, also machtpolitische Interessen. Diese Zeitung hat 1965–1975, über zehn Jahre lang, den Krieg der Amerikaner in Vietnam als notwendig dargestellt. Wir verteidigten in Ostasien angeblich die Freiheit, nicht die Nachwehen des französischen Kolonialismus. Auch heute propagiert dieses Blatt jeden Militäreinsatz als moralische Verpflichtung. Sie gibt sich sicher, dass wir zu unserer Sicherheit aufrüsten müssen. Gleichzeitig bietet sie im Feuilleton und Kulturteil Betrachtungen über die Religion in einer Form an, die kritisch betrachtet den Tatbestand des Abergläubischen erfüllt. Es soll und muss „robust" geglaubt werden, sonst vermeintlich glaubt man nicht – ganz so, wie die katholische Kirche es möchte. Wer so nicht glaubt, dem wird unterstellt, er glaube eben gar nicht. Mit einem Wort: Wir haben die absolute Spaltung zwischen dem Wirtschaftsteil und dem Kulturteil, zwischen Realität und Religion vor uns. Wenn die Menschen Kultur treiben, mag sie das als Bildungsbürger erfreuen, dann gehen sie ins Theater, und wenn sie Bach hören wollen, gehen sie in die Kirche. Aber wenn sie Geld verdienen wollen, gehen sie in die Bank oder an die Börse. Die Autoren wissen, dass diese Schizophrenie nicht stimmen kann. Aber die Bevölkerung muss das Unmögliche für möglich und sogar für wirklich halten.

Diese Verkehrung des Bewusstseins erlaubt keine Widerstandsstrategie mehr. Und es erfüllt genau das, was Karl Marx meinte: Die Religion ist ein Verdummen der entfremdeten Masse, um sie ruhig zu halten. Menschen, die ihrer selbst bewusst werden, möchten ihre Freiheit, ihre Selbstständigkeit, ihre Mündigkeit, ihre Mitsprache; sie möchten Menschen sein und nicht kujoniert werden als Dauersklaven bis zur Verinnerlichung der Zwangsgewalt der Herrschenden in ihrem eigenen Bewusstsein. Doch genau dafür setzte die Religion Gott ein. Und der natürlich steht immer auf Seiten der Besitzenden. Immer gründet der Thron der Mächtigen auf der Gnade Gottes, der alles so weise eingerichtet hat.

Mit all diesen Lehren muss also aufgeräumt werden, damit Menschen wieder zu sich selber kommen. Diese Auffassung der Kritik der Religion ist so lange berechtigt, als die institutionalisierte Religion es mit den Mächtigen hält. So darf die Kirche nicht sein, und so war es im Sinne Jesu niemals gewollt. Goethe sogar konnte in den Gesprächen mit Johann Peter Eckermann (1792–1854) einmal sinngemäß sagen: Die Sache Jesu war eine soziale Revolution, aus der eine moralische Verträglichkeit wurde. Man hat den Stachel in der Botschaft Jesu, der darin lag, die Welt zu ändern und den Armen die Weite selbstbestimmter Freiheit zu eröffnen, im Grund vertan, indem man alles ins Bürgerliche zurückübersetzt hat. Das ist so augenscheinlich der Fall, dass man Marx in seiner Gesellschaftskritik nur zustimmen kann und ihn an dieser Stelle durchaus als Interpreten des Juden aus Nazaret einsetzen kann.

Im Judentum war die Idee von einem Reich Gottes auf Erden seit jeher lebendig und ist es auch christlich geblieben. Sie taucht etwa auf bei dem Christen Thomas Morus (1477/78–1535) im Jahre 1510 in seinem Staat „Utopia", den er sich als friedlich und gerecht, weil ohne Privateigentum, vorstellt. Sonst sind es meist jüdisch denkende Philosophen, die diese Hoffnung aus biblisch-prophetischem Erbe nicht aufgeben wollen. Es muss für den Menschen mehr möglich sein, als in den gegenwärtigen Verhältnissen unterzubringen ist. Insofern ist die Theologie der Armut, das Eintreten für die Schwachen, die Befreiung der durch die sozialen Kräfte Versklavten, eine unbedingte Forderung, die sich unmittelbar in der Botschaft Jesu selbst findet.

... Oder eine Wirtschaft, die tötet?

Hinzukommen müsste die Durchbuchstabierung dessen, was Kapitalismus ist, und gerade dabei können die Gedanken von Marx hilfreich sein. Wie soll es angehen, dass wir im Christentum eine Wirtschaftsordnung tolerieren, von der Papst Franziskus selber sagt, sie sei mörderisch? Er weiß, aus Argentinien kommend, nur zu gut, wie in Lateinamerika der Kapitalismus wirkt – als eine endlose Verschuldung der Massen zur Rückzahlung von Krediten, die auf der oberen Ebene der Gesellschaft aufgenommen wurden, um deren Reichtum und Rendite zu vermehren, doch die mit der Verelendung großer Teile der Bevölkerung finanzierbar gehalten werden müssen. So darf es nicht bestehen bleiben. – Konkret: Die Hochhausbanken in Frankfurt leben mit der Finanzspekulation von Schulden, von Krediten, auf die man Zinsen setzen kann. Wir in der Bundesrepublik haben zwei Billionen Euro Schulden bei den Banken, und bis vor Kurzem mussten wir sogar Schulden aufnehmen, damit wir wenigstens die Kreditzinsen bezahlen konnten für die unbezahlbaren Altschulden. Wenn wir von der schwarzen Null als Regierungsziel sprachen, meinten wir lediglich, dass wir nicht neue Schulden für die Altschulden im Zinsaufkommen abbezahlen sollten. Damit änderte sich am Schuldenbestand selbst aber gar nichts. Wir blieben gefangen in den Händen der Banken. Und haben die Banken wirklich Geld? Eigentlich nicht. Sie haben einfach dem Staat als Hauptkreditnehmer etwas verliehen, das ihnen selbst nicht gehört, das sie als Geld aus Nichts erschaffen, aber das sie sehr real von den steuerzahlenden Bürgern auf Jahre hin zurückverlangen können. Das ist möglich, weil die Banken auf dem Sockel eines geringen Eigenkapitals rund 25-mal so viel an hochverzinslichen Krediten (mehr als zehn Prozent) an fremde Schuldner verleihen; die Banken untereinander sind durch die Null-Zins-Politik der EZB von solchen Auflagen befreit; das erleichtert die Schuldenlast der Staaten, nimmt aber den Altsparern die Zinserträge weg, mit denen sie die Inflationsrate des Geldes auszugleichen hofften. Wie die Banken durch unverantwortliche Immobiliengeschäfte den Finanzeinbruch von 2007/08 herbeigeführt und das Schneeballsystem betrügerischer Leihgeschäfte haben auffliegen lassen, ist wohl noch allen in Erinnerung.

Dieser ganze Lügenspuk ist im Sinne Jesu vollkommen unhaltbar. Proteste dagegen, durchaus auch im Sinne von Karl Marx, könnte man als christlich reklamieren, und man gewönne an der Seite von Leuten, die wir zumeist als Kommunisten diffamiert haben, eine hohe Solidarität. – Ein Ähnliches stelle ich auch fest bei anderen wichtigen Anliegen, etwa bei Friedensdemonstrationen. In Büchel, in Ramstein, bei Kundgebungen gegen Atomwaffen und illegale Drohnenattacken ist die Linkspartei meist vorneweg. Von der CDU habe ich dort noch niemals etwas gesehen. Es sind denn auch die Linken, die im Protest gegen die Unerträglichkeit und die Inhumanität unserer wirtschaftlichen Ordnung sich zurückmelden mit menschlichem Pathos. Mit denen kann man zusammenarbeiten.

Wir haben bei Paderborn zum Beispiel das größte Abschiebegefängnis der BRD, in dem man Menschen, die nichts getan haben, eingesperrt hält, nur um sie wieder loszuwerden. Dagegen wird von Zeit zu Zeit demonstriert. Und wieder sind es vorwiegend die Linken, die das machen. Von den Stadtverordneten in der CDU nichts, *niente, nada*. Wo ist da das Christentum? Wie definiert es sich? Das ist eine spannende Frage. In manchem ist der Jude Karl Marx ein guter Bruder des Juden Jesus.

Der Mensch nur als Produkt der Verhältnisse? ...

Die notwendige Kritik an Marx beginnt an einem anderen Punkt; der freilich ist sehr wesentlich, mindestens so wesentlich wie gegenüber Feuerbach. In der Auffassung des Materialismus der marxistischen Weltbetrachtung ist der Mensch selbstredend kein Geschöpf Gottes – es gibt ideologisch keinen Gott, wie wir gerade hörten. Gott ist lediglich eine Projektion von Schwachen und Zukurzgekommenen, so bei Nietzsche, so bei Marx. Gott gilt als eine Verschleierung der bestehenden Macht. Der Mensch ist evolutiv aus der Tierreihe hervorgegangen, aber nicht durch die Gesetze der Biologie, wie Darwin meint, sondern durch Selbstschöpfung in Arbeit nach Marx. Der Mensch wird definiert durch die Kultur, die er selbst der Natur abgerungen hat. Intelligent geworden ist er nicht, weil sich die Gene verändert hätten, sondern durch die Arbeit, die er leisten musste, um in der Natur zu bestehen. Der Mensch selber ist das Produkt gesellschaftlicher Arbeit, der Zusammenarbeit aller. Und die Produkte, die er dann herstellt, die Veränderung der Natur, verändern ihn gleichzeitig selber.

Wenn das gilt, haben wir eine Anthropologie vor uns, die sich geschichtsphilosophisch ein ganzes Stück weit relativ plausibel darbietet. Die Paläontologen, die Prähistoriker werden uns immer wieder zeigen, wie Kultur abhängig ist von Werkzeugen. Wir sprechen von der Steinzeit, der Bronzezeit, der Eisenzeit. Heute sprechen wir von der digitalen Revolution. Wir ordnen ganze Phasen der menschlichen Geschichte ein in der Namengebung der Werkzeuge, die Menschen sich geschaffen haben, um besser in der Natur zu bestehen und mit sich selber zurechtzukommen. Das alles entspricht ganz und gar dem Weltbild, das Marx vorgelegt hat. Nur stellt sich umso mehr die Frage, ob wir uns als Menschen zureichend in dieser Weise beschreiben können.

Zwei höchst bedenkliche Folgen scheinen mir in dem marxistischen Menschenbild angelegt zu sein. Wenn Menschen das Produkt gesellschaftlich vermittelter Arbeit sind, sind sie als Einzelwesen total und vollkommen das Produkt der gesellschaftlichen Verhältnisse. Damit bereits entsteht die Schwierigkeit, wie man mit derart abhängigen Lebewesen einen kreativen Protest gegen das Bestehende einleiten will. Muss man nicht im Menschen unendlich viel mehr voraussetzen, als dass er Teil des Produkts der Gesellschaft ist, wenn er gegen ebendiese Gesellschaft revoltieren soll? Was ist es im Menschen, dass er sich als Sklave auflehnt gegen die Versklavung? Als Sklave ist er das Produkt der Verhältnisse, gar keine Frage. Man setzte im antiken Rom Sklaven ein bei den Schauspielen vor etwa 60.000 Leuten im *Circus Maximus*, damit sie sich gegenseitig ermordeten und dabei ein spannendes Unterhaltungsstück am Nachmittag lieferten. Es gibt aber Menschen, die mit sich nicht länger so umgehen lassen wollen. Es war in Capua in der dortigen Gladiatorenschule, dass Spartacus zwischen 73–71 v. Chr. aufrief zum Widerstand. Er tat das mit unzureichenden Mitteln, und alles musste scheitern. Aber er bot ein Zeugnis für die Freiheit, nach der ein Mensch verlangt, um ein Mensch zu sein. Man kann postulieren, dass die Freiheit Bedingungen braucht, die es erlauben, frei zu werden. Das ist eine gesellschaftliche Kritik, die ohne Zweifel stimmt. Aber was ist mit dem Menschen selbst? Offensichtlich ist er unzureichend, ja sogar völlig falsch definiert, wenn wir in ihm nichts weiter sehen als das Produkt der Umstände.

… Als Produzent und Konsument im Wirtschaftskreislauf?

Gehen wir noch einen Schritt weiter. In der alten DDR, in der alten Sowjetunion galt der Gedanke an eine Psychologie des Individuums als etwas geradezu Verbotenes, als etwas Überflüssiges, als ein Relikt des überlebten Bürgertums. Man erblickte darin ein Desiderat für entfremdete Individuen, die sich der gesellschaftlichen Mitarbeit und Kontrolle entziehen wollten, etwas für Aussteiger, die man zurückholen musste. Man las Dostojewski allenfalls als Analytiker des Bewusstseinszustandes von entfremdeten Bürgern, die sich selber nicht verstehen. Man hatte die Psychoanalyse nicht nötig, denn sie kümmerte sich um Leute, die nur deshalb krank sind, weil sie noch nicht begreifen, dass im Sozialismus jedwede seelische Krankheit überflüssig geworden ist. Sie stehen wahnhaft im Widerspruch zu der gesunden Welt des Arbeiter-und-Bauernstaates. Und das musste man ihnen beibringen. Man schaffte sie also in die Psychiatrie, kümmerte sich aber um ihre Seele wenig. Ein Mensch galt als Erstes als ein materielles Gebilde, und so versuchte man, mit Psychopharmaka seinen Zustand zu beruhigen. Das alles ist jetzt leider keine Karikatur, das war die reine Wahrheit. Es gibt im marxistisch orthodoxen Weltbild kein Individuum, eigentlich keinen Innenraum des Seelischen, des Subjektiven, des psychologisch Selbstbestimmten und Unableitbaren, sondern es gibt wesentlich nur die funktionale Außenlenkung, in der Menschen in ihrem Bewusstsein hervorgebracht werden durch die Gesellschaft, die allein durch gemeinsame Arbeit sich Freiheit gegenüber der Natur schafft, doch selbst kein Ort individueller Freiheit ist. Der Menschen Gesundheit besteht darin, genau das zu begreifen. Allein der Staat, die durch das Zentralkomitee der Partei richtig aufgestellte Gesellschaft, ist das Subjekt des geschichtlichen Fortschritts und der Träger des Wissens vom Menschen. Der neue Mensch muss so sein, wie das ZK ihn will. – Das an sich ist schon ungeheuer, und wir brauchten es nicht so breit zu erwähnen, wenn nicht im Kapitalismus, in der BRD heute, der Mensch nicht ebenso materialistisch betrachtet würde: als Produzent und Konsument im Wirtschaftskreislauf. Auch hier dient „Psychotherapie" wesentlich der Rückgewinnung der Arbeitsfähigkeit unter kostengünstigen Bedingungen zur Vermehrung des Besitzstandes der Kapitaleigner. Das Individuum ist als Unternehmer und Investor von Bedeutung, nicht als Person, nicht als Mensch. Insofern ist der „Sieg" des Kapitalismus über den Kommunismus nicht das „Ende der Geschichte", sondern die Gefahr der Fortsetzung eines einseitigen Menschenbildes auf noch entwickelterem Niveau.

Eine Funktion der Religion: Stärkung des Eigensinns

Es kommt hinzu, dass der Mensch als Individuum nicht brauchbar scheint für große gesellschaftliche Veränderungen. Er wird funktional aufzutreten haben in Massen. Nur da ist er stark. Was man in diesem Denken kaum begreift, ist die Tatsache, dass die Angst, die im Menschen liegt, genau diese Fluchtbewegung in die Masse nahelegt. Wie viel kostet es, ein Einzelner zu sein? Und wie einfach ist es, etwa in der Popkultur zu Hunderttausenden zusammenzuströmen und irgendeinem, den man vergöttlicht, zu lauschen? Man ist in, man ist dabei. Man ist nur nie selbst. Das Sein ist das Dabeisein. Man hat die richtige Performance, den richtigen Output, man ist in Masse, man ist en vogue, man ist online, man ist vielfach vernetzt. Aber wann kommt man dahin, als Individuum sich selber zu begreifen? Auch jenseits des Marxismus, auch in der heutigen kapitalistischen Welt, die wir im Westen als Demokratie und Freiheit über die ganze Erde zu tragen suchen, ist das Individuum in seiner einzelnen Existenz das am meisten gefährdete.

Dieses Problem hat der dänische Religionsphilosoph Sören Kierkegaard (1813–1855) richtig erkannt: Ein Individuum zu sein, die eigene Freiheit zu leben, ist identisch mit Angst. Es gibt keine delegierte Verantwortung, die man an andere abgeben könnte. Es gibt nicht die Ausrede, so machen es alle. Es gibt vor allem nicht die Kaschierung, die man aus Hegel beziehen könnte, Moral sei lediglich die objektiv verallgemeinerte Vernunft der Gesellschaft, moralisch sei das sozialisierte Individuum. Das geht im idealistischen Denken Hegels den Gedanken von Marx unmittelbar voraus und wird von ihm auch so übernommen, sodass auch für ihn Moral nicht das Individuelle, nicht die Selbstbestimmung des Menschen als Individuum ist, sondern die Angleichung an das für die Gesellschaft Nützliche. Das natürlich muss jedem Einzelnen beigebracht werden. Ausgerichtet ist dieses Konzept auf Utilitarismus, Staatsdiktatur und Massenkultur, es ist die Entfremdung eines jeden Einzelnen infolge eines reduzierten Menschenbildes. An dieser Stelle muss die christliche Religion mit Macht darauf hinweisen, dass ein Mensch als Individuum unendlich viel mehr ist als das, was die Gesellschaft über ihn wissen und verfügen kann.

Ein Dichter wie Hermann Hesse (1877–1962) hat einmal gesprochen von dem Eigensinn, der nötig ist, um Mensch zu sein. Er gibt 1956 einmal ein kleines Beispiel dafür. In jenem Jahr schreibt ihm jemand, der seinen Roman „Demian" nicht verstanden hat, einen Brief voller Fragen. In „Demian" taucht der Zweifel auf, ob die Welt nur gut ist und dahinter ein guter Gott als Schöpfer denkbar ist. Eigentlich bräuchten wir einen anderen, Abraxas heißt der im „Demian", einen unheimlichen Gott, fast am Rande von Nietzsches Dionysos. Abgebildet ist in dem Roman eine Philosophie für Pubertierende, die in der Zwangsmoral der Gesellschaft nicht erwachsen werden können, die sich nicht getrauen zu lieben, die sich schuldig fühlen, sie selbst zu sein – alles Probleme, die Hermann Hesse selber gehabt hat als Heranwachsender. Aber um diesem Briefeschreiber zu antworten, griff Hesse auf die Politik des Jahres 1956 in der BRD-West zurück, auf die Einführung der Bundeswehr. Die Amerikaner hatten unter Adenauer durchgesetzt, dass wir wieder unter Waffen zu stehen hatten. Wir mussten gegen den Ostblock aufrüsten. Wir waren ja schon mal unter den Nazis bis auf 40 Kilometer nach Moskau vorgerückt; das sollte sich verbessern lassen, und zwar jetzt unter den richtigen

Machthabern; die Sowjets gehörten niedergewalzt. Hermann Hesse aber fragte den Briefeschreiber jetzt so: Stellen wir uns vor, man hat Sie erzogen und trainiert auf dem Kasernenhof, man gibt Ihnen ein Gewehr, man stellt Sie vor den Feind, und man befiehlt: Töte. Sie tun das. Dann steht neben Ihnen der Ausbilder, der General, der Militärpfarrer, der Bürgermeister, der Geschichtsschreiber, der Journalist, und alle sagen: Junge, du hast das richtig gemacht. Du bist wie wir. Du tust nur, was uns dient und wovon wir überzeugt sind, dass es sein muss. Oder aber ganz anders: Du hörst die Stimme Gottes in dir, die dir sagt, du sollst nicht töten. Dann stehst du ohne all die anderen ganz alleine da. Das heißt, die anderen stehen vielleicht gegen dich auf als deine Gegner. Sie werden dich bekämpfen, durch die Zeitung hecheln, dir Unrecht geben, dich aus der Kirche ausstoßen. Sie werden dich einen Ungläubigen nennen. Weil du nicht so glaubst, wie die Kirche gerade durch Pius XII. sagt: Kein Katholik hat das Recht, den Wehrdienst zu verweigern und sich dabei auf sein Gewissen zu berufen. – Das heißt es, ein Einzelner zu sein. Wenn Sie begreifen, dass es um diese Entscheidung geht, mein lieber Leser, verstehen Sie meinen „Demian".

So denkt ein Dichter wie Hermann Hesse. Man kann überhaupt nur etwas kreativ schaffen, wenn man es wagt, selber zu fühlen, zu leben, zu denken, zu existieren. Das aber ist die eigentliche Funktion der Religion. Sie stellt den Einzelnen vor ein absolutes Gegenüber, das ihn verbindet in Treue zu der Wahrheit, die in ihm selber lebt.

Dann müssten wir noch einen Satz hinzufügen, der bei Marx so nicht vorkommt. Bertolt Brecht (1898–1956) hat ihn eingeleitet mit der Frage: Was nützt die Güte, wenn die Gütigen umgebracht werden, und diejenigen, denen sie Gutes tun wollen, mit ihnen? Was nutzt die Freiheit, wenn sie leben soll unter Unfreien? Was nutzt die Vernunft, wenn die Unvernünftigen siegreich werden? Brecht empfahl zur Antwort: „Statt gütig zu sein, schafft Verhältnisse, in denen es möglich ist, dass es Güte gibt, und am besten solche, in denen sie selber überflüssig wird. Statt nur frei zu sein, schafft Verhältnisse, in denen alle frei sind und die Sehnsucht nach Freiheit überflüssig wird. Und statt nur vernünftig zu sein, schafft Verhältnisse, in denen die Unvernunft Einzelner kein gutes Geschäft mehr ist." Sätze wie diese hat man in der DDR auswendig gelernt, weil sie wie ein Glaubensbekenntnis klingen. Und natürlich ist wieder vieles richtig daran. Dennoch ist das Richtige gewissermaßen in der falschen Reihenfolge aufgezäumt. Es geht primär nicht um den einen Nutzen, der sich gesellschaftlich herstellen ließe und dann überhaupt erst erlaubt, dass wir Menschen würden. Es ist umgekehrt: Wir müssen unter allen Verhältnissen den Mut gewinnen, das, was wir als menschlich fühlen, denken und sind, durchzuhalten, und die Fähigkeit dazu vermag uns allein der Glaube an Gott zu schenken.

Anerkennung des absoluten Eigenwerts
jedes individuellen Lebens

Es ist ein wunderbarer Satz im ersten Kapitel des Johannesevangeliums (Joh 1,17). Da heißt es: „Das Gesetz kam durch Moses, aber die Gnade, die Wahrheit kam durch Jesus Christus." Das Problem ist erneut, dass wir bei „Wahrheit" sofort an Übereinstimmung von Aussage und Sachverhalt denken und an dogmatischen Wissbarkeiten uns orientieren. Das griechische Wort für Wahrheit meint aber die „Offenbarkeit", die „Unverborgenheit". Und dann enthält der Satz den Kern von allem, denn er besagt: Gott wird unverborgen erkannt in der Vermittlung Jesu als eine unverdiente, nie gekannte Gnade und Güte. Solch eine Güte vollzieht sich nie im Allgemeinen, sie gilt wesentlich jedem Einzelnen. Sie schielt niemals auf irgendeinen Nutzen, denn dann wären die Menschen wieder nur rein pragmatisch ein Mittel der Gesellschaft, um bestimmte Ziele zu erreichen. Güte ist die Zuwendung einer Person zu einer anderen Person. Die Hand eines Kindes, das ein Kätzchen streichelt, ist der Anfang solch einer zweckfreien Güte. In solchen Handlungen wird etwas offenbar von dem, was Gott ist. Und die Welt so zu sehen, ist das Geschenk, das Jesus uns gemacht hat. Alle anderen können sprechen von Naturgesetzen, von moralischen Gesetzen, von juristischen Gesetzen, von göttlichen Gesetzen, und immer beziehen sie sich auf die Ebene des Allgemeinen, des Kollektiven, des Überindividuellen. Aber Gnade ist eine Güte, die wir selbst im Herzen tragen, die individuiert, die uns den Mut schenkt, aufzuwachsen und selber zu sein, so wie jede Blume auf der Wiese selber wächst im Sonnenlicht. Die Sonne überstrahlt sie alle auf dem Feld, aber jede Blume ist etwas Besonderes. Nur deshalb sind die Wiesen schön, und nur deshalb durchdringt Schönheit auch die menschliche Geschichte.

Unabhängig von Hermann Hesse können wir diesen Gedanken der Nicht-Verzweckbarkeit, des absoluten Eigenwertes jedes individuellen Lebens unmittelbar sogar auf den Schulunterricht beziehen. Spätestens mit sieben Jahren muss jedes Kind in Deutschland die Schule besuchen, unter dem Druck, lernen zu müssen; und die Lernvorgaben orientieren sich wesentlich am Nutzen der Gesellschaft. Der Fokus liegt, wie schon gesagt, heute dabei auf den sogenannten MINT-Fächern: Mathematik, Informatik, Naturwissenschaft, Technik. Bei alldem werden Leistungen erwartet, um im Konkurrenzkampf international mithalten zu können. Man möchte ein Kind, welches sich zu einem nützlichen, verwendbaren und verwertbaren Bürger in der Gesellschaft entwickelt. Mit anderen Worten, wir haben es zu tun mit der selbstverständlich scheinenden Instrumentalisierung eines jeden Individuums unter gesellschaftlichem Zwang in einem behördlich organisierten Schulsystem. Dabei kritisieren mittlerweile die Pädagogen selber diesen Zustand, indem sie sagen, dass ein Kind so nicht kindgerecht lernen kann. Kinder sind keine Maschinen, Kinder müssen spielen dürfen, sie müssen am Lernen Freude haben dürfen, sie müssen Gefühle entwickeln dürfen. Und sie müssen lernen, wie man liebt. Wie man träumt. Wie man denkt. Jenseits des Nutzens beginnt der Mensch. Das sagte bereits Friedrich Nietzsche: „Erst jenseits des Staates beginnt der Mensch, der nicht überflüssig ist." Und er wollte damit sagen, dass wir in der Masse nie dahin kommen werden, Persönlichkeiten zu begegnen und die eigene Persönlichkeit zu entfalten.

Die Frage bleibt in unserem Zusammenhang also, welche Funktion hat, innerhalb der Schule, der Religionsunterricht? Er vermittelt, genau wie die anderen Fächer, ein abfragbares Wissen, welches benotet wird und für das Zeugnis von Belang ist. Sogar eine Fünf in Englisch kann in manchen Bundesländern durch eine Zwei in Religion ausgeglichen werden. In Wirklichkeit aber bleibt doch die Frage eines jeden in dieser Art von Unterricht unbeantwortet: Wer bin ich denn selber? Was betrifft mich dabei? Wie lebe ich? Woran kann ich mich orientieren? In aller Regel kommt es in schulischer Erziehung wesentlich auf die Persönlichkeit des Lehrers an, die viel wichtiger ist als das, was er didaktisch sagt oder welches Fach er unterrichtet. Englisch kann schön sein, wenn es von einer Lehrerin unterrichtet wird, die mit ihrer Ausstrahlung, ihrem Charme begeistern kann, die Visionen mitbringt und Intuitionen erlaubt. Jeder der Schüler möchte als Person angesprochen werden. Und jetzt kommt das Entscheidende: Man bräuchte dazu einen Ort, an dem man spürt, dass man als Person gemeint ist.

Dabei wäre gerade Religion das Feld, in welchem die Texte des Neuen Testamentes, wie wir gerade noch angedeutet haben, die entscheidende Vermittlung zu sich selber bieten könnten. Was geschieht, wenn ich mich selber so empfinde wie der Besessene von Gerasa: allein unter den Menschen und voller Angst vor den anderen, ausgeschlossen schon an der Klassentür, gemobbt vielleicht vom Klassenverband. Wie kann ich mich unter solchen Umständen artikulieren? Wer hat Verständnis dafür, dass es mir so geht? Wer interessiert sich für den Hintergrund meiner Familie? Für die Zonen meines Waisenkinderdaseins? Für mein Mauerblümchendasein? Wo kann ich überhaupt mal erleben, dass es so etwas wie Halt gibt? Wo gibt es ein Engagement für mich, als einzelne Person? Wer möchte mal hinter die Schutzfassade meiner Existenz schauen?

Dasselbe kann auch Musterschülern passieren, die ganz oben stehen, die sogar tonangebend sind. Wer hat schon ein Interesse für die Angst, mit der sie für ihre Bestnoten lernen, um an der Spitze zu stehen? Wie geht man mit Eltern um, die dem Lehrer vorwerfen, dass ihr Sohn nur eine Vier in Mathematik hat? Sie sind davon überzeugt, dass es am Lehrer liegen muss, da sie wissen, dass ihr Kind mehr kann und begabt ist. Wie aber unterrichtet es der Lehrer? Es sind die Eltern, die den Druck über die Lehrer dann wieder auf die Kinder übertragen. Wäre es möglich, dass ein Lehrer in einer Elternkonferenz mal sagen würde, dass es sich hierbei um zwei verschiedene Dinge handelt? „Wir haben zu unterrichten im Staatsauftrag", könnte er sagen, „das stimmt. Wir sind Staatsbeamte. Und wir müssen deshalb Noten vergeben, die eine allgemein vergleichbare Wertigkeit haben. Das ist unser Beruf. Aber wir wissen, dass ein solches Vorgehen allein in keiner Form den Kindern gerecht wird. Wir sind dazu delegiert von Ihnen, den Eltern. Sie haben die Erziehungsvollmacht über die Kinder. Von daher wäre es für uns als Lehrer überaus erwünscht, es gäbe Zonen, die wir im Unterricht nur andeutend in ihrer Notwendigkeit verstärken können: Es gäbe einen Vater oder eine Mutter, die zu Ihrem Kind, welches in der Schule aus Angst nicht zurande kommt – weil es sich abgehängt fühlt oder sich als ständiger Versager morgens schon zur Schule schleppt, weil es hinter einem Lernstoff herläuft, der immer schneller wie ein verpasster Zug vor ihm wegfährt –, zu diesem Kind sagen würden, dass Sie jetzt mal nicht an den Leistungen des Kindes interessiert seien, sondern Ihr Mädchen oder Ihr Junge das Wichtigste sei. Du bist unser Kind, unser Junge, unser Mädchen, das interessiert uns, würden Sie sagen." Dann könnte es ja sein, dass ein Ort sich bildet, an dem durch Zuwendung, Ermutigung, Bestätigung und persönliche Wertschätzung ein Wertgefühl des Schülers, der Schülerin auch für sich selber vermittelt wird.

Das sind dann die Zonen, in denen sich eigentlich das gestaltet, was wir mit Religion verbinden, was wir mit Vertrauen bezeichnen, mit Geborgenheit in ein Gegenüber, welches uns absolut meint. Darauf können wir, auch als Religionslehrer, nur hinweisen, und wir können es bei den Eltern nur ansprechen. Aber wir können von unseren Schülern sagen, dass jeder von ihnen genau das absolut braucht. Jenseits aller Lehrpläne. Aller Förderungsstufen. Aller digitalen Offensiven. Aller Ausstattungen mit Hunderten von Millionen Euro für neue Geräte. Was Menschen gerade als Kinder und Jugendliche brauchen, ist ein Stück Menschlichkeit.

Oder sprechen wir mit den Worten des Neurologen Manfred Spitzer: „Wir brauchen etwas, das die digitale Demenz vor der Haustür lässt." Wo finden wir Menschen? Wie vermeiden wir, dass alles, was menschlich ist, durch Roboter ersetzt wird? Dass wir daheim sprechende Maschinen, wie Alexa und Siri, oder am Krankenbett iRobots wie Zora haben statt wirklicher Menschen? Die nämlich werden uns zu teuer. Die sind bald so unbezahlbar, dass wir die Krankenhäuser im Bestand reduzieren müssen. Dass wir aus dem Kosovo, in welchem wir gerade noch Krieg geführt haben, die Leute zurückholen, die wir abgeschoben haben, damit sie in Deutschland fleißig unseren alten Leuten Beistand leisten. Das alles ist nicht die Gesellschaft, die wir uns wünschen. Doch es entscheidet sich an dem Wert, den ein Individuum in unserer Gesellschaft besitzt. Und nicht die Gesellschaft, nicht die Natur, nicht die Umstände bestimmen, wer wir als Individuen sind; nur der Raum eines Vertrauens, in dem eine Freiheit zu finden ist, welche sich zu sich selbst entscheidet, lässt uns zu Personen und Persönlichkeiten reifen. Das ist die religiöse Grunderfahrung.

Freud

MARTIN FREYTAG: Herr Drewermann, als Psychoanalytiker, der Sie ebenfalls sind, muss ich Sie natürlich auch nach Sigmund Freud (1856–1939) fragen, dem Begründer der Psychoanalyse. Freud meinte, der Glaube an Gott sei eine infantile Regression des Menschen, der zu seiner Entlastung eine Vaterfigur brauche. Dieser Gott sei freilich nichts anderes als eine noch nicht durchschaute Illusion. So sagte

Freud. Wenn wir seiner Theorie folgen, würde das aber bedeuten, dass der Glaube an Gott uns geradezu innerlich unfrei macht.

EUGEN DREWERMANN: Damit geraten wir auf ein Feld, das sich unterscheidet von der Religionskritik, die wir bisher besprochen haben. Feuerbach, Hegel, Marx, Nietzsche waren Philosophen mit geistigen Konstrukten. Freud kann man nicht wie einen Philosophen lesen und auch nicht wie einen Begriffsjongleur. Die Worte, die er verwendet und die er zum Teil selber gebildet hat, geben etwas wieder, was er erfahren hat und was zur Interpretation von Erfahrungen dient. Ohne Bezug zu psychisch beobachtbaren Phänomenen hat die ganze Theoriebildung Sigmund Freuds keinen Wert. Gerade deshalb aber war es für mich selber als Pfarrer, als Seelsorger, erschreckend zu sehen, in welch einem unglaublichen Ausmaß Freud mit seinen Gedanken um 1900 recht hatte, selbst noch gegen Ende des 20. Jahrhunderts.

Wenn fromme Leute, wie zum Beispiel Ordensschwestern, Priester, Religionslehrer oder Jugendliche, die in der Gemeinde tätig sind, von sich selbst sprechen und dabei Gott erwähnen, kann man an der Art, wie da von Gott die Rede geht, nicht selten heraushören, dass sie bestimmte Probleme im Berufsleben, im Sexualleben, im Kontaktbereich, im Umgang mit sich selbst haben; sie schildern rätselhafte Wünsche und Ängste, und je länger man mit ihnen redet, umso deutlicher wird, dass das, was sie mit Gott bezeichnen, die chronifizierte Verfestigung des Bildes ihrer Eltern aus Kindertagen ist. Ihrem Vater mussten sie gehorsam sein. Den Bestimmungen der Moralvorstellungen der Eltern mussten sie sich fügen, und sie waren böse, wenn sie davon abwichen. Sie mussten das, was sie an erzieherischer Gewalt im Raum einer bestimmten Gesellschaft und Gesellschaftsschicht erlebt haben, so verinnerlichen, dass es eine selbstständige Form auf dem Boden des Ich gebildet hat. Freud sprach, um ein Wort dafür zu prägen, vom Über-Ich. Dieses Über-Ich ist tatsächlich zumeist in der Sprache von Gott anzutreffen. Vor allem greift die Kirche diese kindlichen Formen der Erziehung, in gewissem Sinne auch der Unterdrückung, auf und steigert sie ins Absolute. Wenn wir dann von Gott als dem Vater sprechen, ist das nicht mehr nur metaphorisch vom Wort, sondern auch vom Inhalt her gleichbedeutend, nicht nur assoziativ, sondern im psychischen Erleben; Gott als Vater ist da real deckungsgleich mit den Erfahrungen, die das Kind mit seinem Vater oder mit seiner Mutter gemacht hat. Deren Gestalten wurden in der sogenannten Latenzzeit, zwischen fünf und acht Jahren, im Über-Ich verfestigt und absolut gesetzt. Ab dann gibt es bei einer streng religiösen Erziehung keine weitere Entwicklung mehr. So, wie es war, wird es jetzt in den Händen der Kirche verewigt, für absolut gültig genommen und auf Dauer gestellt. Wer daran jetzt noch zweifelt, an den Lehren der Kirche zum Beispiel, ist schon ein Ungläubiger. Simple Gedanken, die sich an die Bibellektüre richten könnten, gelten als Glaubenszweifel und müssen entsprechend unterdrückt werden, damit der Vater recht hat – der Vater, der in der Kinderstube saß, und der Vater, der im Himmel sitzt. Die beiden bilden jetzt in Vergangenheit und verewigter Gegenwart die Instanz, welche keine Freiheit mehr erlaubt. Vor dieser richterlichen Instanz hat man zu sein, wie man immer war und damals schon als Kind zu sein hatte.

Gott als verselbstständigter infantiler Komplex

Im Grunde ist man als Person unter diesen Umständen nur der Stempelabdruck der, auf diese Weise, gültigen Norm. Dabei reduziert sich das Gottesbild erneut auf nichts anderes als auf Gesetzlichkeit und Strenge, auf Außenregelung, auf Entfremdung, auf autoritäre Unterdrückung, auf einen Zwangsgehorsam, der sich als Moral gibt. Übrig bleibt eine minimal entwickelte Persönlichkeit, bei der von Ich-Stärke so gut wie keine Rede ist. Unterhalb dieses ganzen Zwangsapparats haben wir das Es. Und da rebellieren eine ganze Menge an Triebenergien gegen ihre Kasernierung. In diesem Zwiespalt der psychischen Struktur findet das statt, was Freud als Neurose beschrieb: ein strenges Über-Ich, ein nicht integriertes Es und dazwischen ein ohnmächtiges Ich, welches zwischen beiden wie zwischen zwei Mühlsteinen zerrieben wird.

Ich hätte, wie gesagt, nicht geglaubt, wie sehr diese Beschreibung auf Leute zutrifft, die mit religiösem Hintergrund in die Psychotherapie kommen. Es kann ein, zwei Jahre oder noch länger dauern, bis bei diesen Menschen zum ersten Mal subjektiv nachvollziehbare Zweifel entstehen, ob mit Gott wirklich das gemeint sei, was sich entsprechend der Botschaft Jesu damit verbinden sollte. Dann ergibt sich das, was bei der Psychoanalyse Freuds in der Theoriebildung tatsächlich der Fall ist: Freud lehnt einen Gott ab, der nichts weiter ist als ein verselbstständigter infantiler Komplex. Allerdings lehnte Freud nicht nur eine solche Komplexbildung ab; Gott war für ihn diese Komplexbildung, und so lehnte er mit ihr Gott überhaupt, das ganze Christentum ab. Freud hielt Religion für eine infantile Bewusstseinsform, die

129

für die Zukunft der Menschheit nicht mehr länger zu wünschen sei. Die unterdrückten Triebwünsche zeigten sich ihm in wirklichkeitsfremden Illusionen: in Ersatzbefriedigungen, in Fehlformen des gesellschaftlichen Verhaltens, in neurotischen Anpassungen. Freud wollte damit aufräumen, durch Aufklärung. Eigentlich nutzt er dabei die Idee Immanuel Kants von der Mündigkeit des Individuums, um im Raum der eigenen Persönlichkeit Ordnung zu schaffen, um autonom zu werden, um die Fremdherrschaft abzuschütteln und sich zu fragen: Wer bin ich selber? Was will ich selber? Was möchte ich selber? Wie denke ich selber? Was fühle ich selber? Und der Mut dazu sollte erwachsen aus den Träumen, gedeutet durch freie Assoziation, die nicht von außen dirigiert und manipuliert wird. Ein wichtiger Teil analytischer Psychotherapie besteht darin, dass man nicht bewertet, sondern fließen lässt, was einem Klienten durch die Seele geht. Wenn man so will, ist das eine Form praktischer Güte.

Deshalb trage ich keine Bedenken zu sagen, dass das, was der atheistische Jude Sigmund Freud entdeckt hat, sehr viel mit dem zu tun hat, was der Jude Jesus entdeckte, als er von der unbedingten Güte Gottes sprach, um die Menschen zu heilen. Wenn Jesus Menschen die Hand auflegte, geschah das nicht, um sie zu verurteilen, sondern um ihnen ihre Gedanken zurückzugeben – um die Fieberalbträume der Schwiegermutter des Petrus, zum Beispiel, wegzustreichen (Markus 1,29–31) oder die Hand eines Gelähmten so zu berühren, dass er den Mut bekam, wieder selber zuzufassen (Markus 3,1–5), oder Menschen, die am Boden lagen und auf allen Vieren krochen, die Kraft zu verleihen, sich aufzurichten und auf eigenen zwei Beinen wieder ins Leben zu gehen (Markus 2,1–12). Das alles sollte geschehen in einer Güte, die den Menschen erlaubt, sie selbst zu sein. Und der Hintergrund dafür, für das Vertrauen auf Gott, ist das eigentliche Thema, das ich jetzt gerne mit Sigmund Freud besprechen würde.

Religion als eine Form des Ödipuskomplexes ...

Freud hat Gott abgelehnt im Namen der Menschen, die er unterdrückt sah. Dem ist absolut zuzustimmen. Eine neurotisierende Religion darf und kann sich nicht länger auf Jesus Christus berufen. Aber dann müsste man die Gestalt Jesu anders interpretieren, als es bei Freud geschieht. Für Freud bildet Religion eine Form des Ödipuskomplexes. Das heißt: da ist ein strenger, herrschaftlicher Patriarch und gleichzeitig eine Mutter, nach der ein Junge als Kind sich sehnt, die er aber sexuell nicht begehren darf. Der Vater verbietet seinem Sohn, auch nur den Wunsch zu haben, mit seiner Mutter zu verkehren. Und der Sohn umgekehrt hasst den Vater dafür, dass er ihm den Weg zur Mutter versperrt. Das ganze Arrangement ist wirklich ein sehr infantiles Gebilde. Freud aber meinte, es in so gut wie allen Neurosestrukturen entdecken zu können. Im Ödipuskomplex glaubte er zudem den Vater, der da erfahren wird, als identisch mit dem Vater in der Religion. Die Religion galt ihm für neurotisch, weil sie auf diesem kindlichen Vaterbild aufbaut: auf den Schuldgefühlen, auf der unterdrückten Sexualität, auf der Angst zu lieben, auf der Niederhaltung der Frau, die als verführerisch erscheint.

Wie aber wäre es, wir würden mal damit anfangen, Jesus wirklich ernst zu nehmen? Da steht zu diesem Thema ein kostbares Wort im Matthäusevangelium (Mt 23,9): „Niemand von euch lasse sich Vater nennen. Ein Einziger sei euer Vater, der im Himmel ist." Mir fällt überhaupt keine kürzere Formulierung ein, die sämtliche patriarchalen Machtgebärden gründlicher vom Tisch wischen würde als diese Aussage: „Nur Gott ist Vater." Das heißt, niemand soll sich, auch nicht im Namen Gottes, aufspielen als Ersatzvater. Oder so tun, wie wenn er als der große Familienvater oder Kirchenpatriarch Gott schon mal vorbereiten könnte. Nebenbei gefragt, wieso dulden wir dann überhaupt einen Vater aller Väter, einen *Pater Patrum*, einen Papa, einen Papst als Stellvertreter Gottes? Das alles zieht unbedingt zu Recht und zielgerade die Kritik Freuds auf sich, und gerade im Namen Jesu müsste man Freud bis dahin vollkommen recht geben.

Dann freilich müsste man Freud fragen, was er in der Psychoanalyse eigentlich treibt. Er hat Menschen vor sich, von denen er nicht von vornherein weiß, was in ihnen vor sich geht. Er lernt sie langsam erst kennen. Diese Tatsache ist ganz entscheidend.

Weil wir so oft von Glauben und Wissen gesprochen haben, sollten wir noch mal betonen, dass es zwei grundverschiedene Erkenntniszugänge zu einem Menschen und überhaupt zur Wirklichkeit gibt. Der eine Zugang ist die naturwissenschaftliche Objektivierung nach klaren kausalen Kategorien. Das passiert, wenn Sie zum Arzt gehen. Der Arzt hat studiert, und er hat die praktische Erfahrung. Er kennt sich aus. Und er wird in den zehn Minuten, die ihm von der Krankenkasse bezahlt werden, sein Wissen nutzen, um nach dem Tableau der Krankheitszuordnungen die Diagnose zu erstellen und die entsprechenden Maßnahmen zu verordnen. Sie, als Patient, sind das Objekt seiner Behandlung. Sie wissen möglicherweise, wo es wehtut, aber nicht, warum, und schon gar nicht, wie man dem abhelfen könnte. Sie sind dem Arzt absolut ausgeliefert. Das ist ein Verhältnis von Subjekt als Arzt und Objekt als Patient. Der Patient ist der Unwissende, der Arzt der Wissende. So gestaltet sich klassisch die naturwissenschaftliche Beziehung in allen Feldern der Begegnung, ob in der Neurologie, in der Kardiologie, wo auch immer.

Ganz anders in der Psychotherapie. Ein Psychoanalytiker kann gelernt haben, so viel er will. Er kann Erfahrung haben, so viel er will. Ihm schwebt eine ganze Fülle von Vorstellungen vor, was bei seinem Klienten der Fall sein könnte, ganz wie bei einem normalen Arzt auch. Im Unterschied zum klassischen Psychiater aber, der naturwissenschaftlich denkt, wird der Psychotherapeut sich sagen: „Ich weiß vom Patienten gar nichts. Alles, was ich jemals von ihm wissen werde, ist das, was er mir sagt. Und er wird mir ganz bestimmt nichts sagen, außer ich erwecke sein Vertrauen. Das Mittel dazu ist: Ich zensiere nicht an ihm herum. Ich tue nicht so, als wenn ich alles besser wüsste, ich ordne ihn nicht dauernd nach Richtig und nach Falsch ein, nach Erlaubt oder Verboten. Ich höre ihm einfach nur zu. Und ich setze das Vertrauen dahinein, dass, wenn der andere spricht, seine Seele selber weiß, was gemeint ist, wie ihr Kurs ist, was ihre Wahrheit ist." Alle haben im Leben des Patienten bisher anscheinend Bescheid gewusst und ihm ihr Wissen vorgeschrieben. Genau das aber revidieren wir in der Psychotherapie. Wir lassen den anderen reden. Wir geben ihm Raum. Wir richten eine Asylstätte ein, in der er sich selber gemeint fühlt. Und wenn wir für das, was Jesus im Neuen Testament im Namen Gottes, im Vertrauen auf Gott tut, ein Bild brauchen, wäre es genau diese Umgangsform: den anderen annehmen, ihn möglichst bedingungslos akzeptieren. Das haben wir vorhin mit dem Begriff Vater verbunden, als den wir Gott bezeichneten: eine absolute Person, die einen jeden unbedingt akzeptiert und die nie aufhört, zu ihm zu stehen. – Die Überwindung des Ödipuskomplexes geschieht genauso. Ein Mensch wird erwachsen, indem er die Angst vor dem, was mal der Vater war oder was sich so nannte, verliert. Doch gegen Freud müssen wir jetzt sagen: Er wächst auf in dem Vertrauen zu einer väterlichen Macht im Hintergrund, die er nicht sieht, die ihn aber umgibt.

... Oder als Sehnsucht nach dem Ursprung, Hoffnung auf den Himmel

Der Unterschied ist eklatant: Ein Therapeut wird versuchen, den anderen anzunehmen, keine Frage; aber sein Bemühen hat Grenzen. Er kann nur andeuten, was sein müsste und was der andere als absolute Berechtigung in seinem Leben erfahren soll. Er fragt nicht länger die Gesellschaft: Bin ich berechtigt? Er kann auch nicht den Therapeuten um Erlaubnis für sein Dasein fragen. Er müsste in sich fühlen: Ich darf sein. Und diesen Raum muss der Therapeut freigeben. Das Erstaunliche dabei ist: Er hat selber keine Ahnung, auf was er sich dabei einlässt. Nach zwei, drei Stunden schon kann es ihm unheimlich werden. Er geht mit dem anderen, bildlich gesprochen, eine steile Kellertreppe hinab ins Dunkel, und er öffnet eine Tür, hinter der es lebenslänglich gespukt hat. Er findet dort ein beängstigendes Chaos vor: das Verdrängte, Unheimliche der Seele. Und wie soll er damit umgehen?
– Mit anderen Worten, um Therapeut zu sein, müssen Sie an einen Patienten, der nie gelernt hat, an sich selbst zu glauben, unendlich viel mehr glauben als dieser selbst. Um ihn zu begleiten, müssen Sie an die Ordnung seiner Seele glauben, die Sie doch vollkommen in Unordnung sehen. Sie haben für diesen Ihren Glauben keinerlei empirische Vorgaben. Selbst wenn Sie ein paar Mal erlebt haben, dass es bei dieser Art der Therapie, die Sie versuchen, einigermaßen gut gehen kann, ist absolut nicht garantiert, dass es gerade in diesem Falle wieder so sein wird. Nur indem Sie an den anderen glauben, können Sie ihm helfen.

Deshalb sage ich den freudianischen Therapeuten gerne: Ihr seid auch als atheistische Schüler Freuds im Grunde gläubige Menschen, indem Ihr Menschen in einem Vertrauen, das Ihr empirisch nicht rechtfertigen und persönlich kaum aufrechterhalten könnt, zu führen versucht. Diesen Zusammenhang reflektiert Ihr nicht so, weil man Euch beigebracht hat, so etwas sei Aberglauben. Aber all die Begrenzungen der Angst im Bannkreis gesellschaftlicher Zwänge sollten nicht im Raum der Religion legitimiert werden. Das, was Ihr als Therapeuten tut, ist nichts anderes, als den Himmel zu öffnen, so wie Jesus ihn bei seiner Taufe sah, und die Stimme hörbar zu machen, die da sagt: Du bist doch mein Sohn. Das ist das Ende des Ödipuskomplexes. Das ist der Beginn, alle menschlichen Autoritäten zu relativieren in dem Vertrauen zu der einen absoluten Person, die möchte, dass wir selber sind. Es ist der Anfang der Freiheit unter einem weiten Himmel. Es ist das Ende zugleich auch der unendlichen Resignation, die zu einem nur dem Irdischen verhafteten Dasein unabtrennbar gehört.

Sigmund Freud ist selbst ein berühmtes Beispiel dafür geworden. Er hat die Welt, nicht ganz zu Unrecht, im Grunde sehr depressiv betrachtet. Er hat gemeint, dass der eigentliche Wunsch der Menschen darin bestehe, endlich Ruhe zu bekommen. Das war nach 20 Mundkrebsoperationen mehr als verständlich und vor allem beim Aufstieg des Nationalsozialismus in Wien unschwer einfühlbar. Darüber hinaus aber meinte er, die Triebe des Es drängten eigentlich hin zum Tod, zurück ins Anorganische. Das Leben sah er als eine Unruhe, die erst im Tod sich beruhigen werde. Das ist ungefähr so, wie manche Biologen sagen, die Gene, die Strukturen der Weitergabe von Leben, seien chemisch eigentlich Kristalle, die aber so komplex seien, dass sie nie zur Ruhe kämen. Wäre es da nicht besser, sie blieben auf dem Stadium der kristallinen Zustandsbeschreibung stehen? Dann hätten sie endlich ihre Ruhe. Sie wüchsen auf, ohne dass sie selber leben müssten; sie sähen schön aus, ohne dass sie es begriffen. Man könnte sagen, da träumte Gott in der Schönheit des Gesteins; und wäre das nicht eine friedfertigere Welt? Wenn Freud uns gegenübersäße, wir würden ihn, glaube ich, gut verstehen. Aber die Frage würde sich unbedingt stellen: „Glauben Sie das im Ernst? Wie wollen Sie Menschen helfen und ihnen eine Zukunft schenken, wenn Ihre eigentliche Zukunft die Sehnsucht nach der Rückkehr ins Anorganische sein soll? Es ist wahr: Wonach die Menschen sich wirklich sehnen – das wüssten wir als Psychotherapeuten oder Analytiker im Grunde nur zu gut –, ist im Grunde regressiv. Auch die ganze Religion, das beschreiben Sie völlig richtig, ist eine Form von Regression: Man will zurück in die Geborgenheit des Mutterschoßes, man möchte ganz und gar in einer Welt umfangen sein, die nicht länger ängstigt."

Das sind erkennbar kindliche Wünsche, zugegeben. Aber nun besteht alle Romantik und alle seelische Entwicklung darin, dass wir regressiv einen Zustand wiederbeleben, der alles Vertrauen einmal repräsentiert und vermittelt hat; und diesen Zustand einer vergangenen Erfahrung am Anfang projizieren wir nach vorn in das Ende und Endgültige einer heute noch utopisch erscheinenden Zukunft.

Der Religionswissenschaftler Mircea Eliade (1907–1986) hat das mal so genannt: die Sehnsucht nach dem Ursprung. Entscheidend ist, dass dieser Ursprung, wie auch das Ende, nicht totes Gestein ist, sondern eine mütterliche Liebe. Die erwarten wir zukunftsgerichtet am

Ende der Tage, und diese nennen wir mit den Worten Jesu die Ankunft des Reiches Gottes beziehungsweise die Ankunft des Menschensohnes. Oder das Jüngste Gericht. Oder die Öffnung der Güte Gottes im Himmel. Das alles sind Chiffren und Bilder. Aber zielgerichtet, in diese Hoffnung hinein, orientiert sich alles, was Menschen guttut und was ihnen wirklich helfen kann. Also: Wir müssen mehr an die Menschen glauben, um ihnen zu helfen. Und wir müssen für die Menschen unendlich viel mehr glauben, damit wir sie wirklich lieben können.

KAPITEL 9

Zu Gott beten

Gott als Wunscherfüllungsinstanz
für die eigene Bedürftigkeit?

MARTIN FREYTAG: Herr Drewermann, zahllose Menschen beten in ihrer Not immer wieder zu Gott. Daher sind, psychologisch verständlich, viele Gebete einfach Bittgebete: Bitte um Genesung von schwerer Krankheit, um Rettung aus Gefahren aller Art, vorbeugende Bitten um Bewahrung vor Unwetter, um eine gute Ernte oder um das Bestehen einer Prüfung. Nun greift Gott aber offenbar nicht unmittelbar in den Ablauf der Schöpfung ein. Viele Menschen haben deshalb den Eindruck, mein Gebet wird nicht erhört. Karl Rahner hingegen konnte einmal sagen: „Ich glaube, weil ich bete." Können Sie uns den Sinn des Betens erklären?

EUGEN DREWERMANN: Mit Recht erwähnen Sie die Gefahr der kirchlichen Lehre, dass, wenn wir zu Gott beten, er uns gewiss erhört, und wenn er das nicht täte, liege das daran, dass wir unwürdig der Gebetserhörung seien. So hat man mir selber als Kind noch beigebracht im Krieg: Kindergebet dringt durch die Wolken. Also musste man beten, dass Bergkamen, mein Heimatort, vom Bombenhagel verschont bliebe. Aber 1944/45 ging in schachbrettartigen Bombenangriffen zu 80 Prozent der Ort in Schutt und Asche unter. Ich musste als Kind lernen, dass es falsch sein wird zu denken: Ich flehe zu Gott, und dann verhindert er irgendetwas. Ich habe weiter an Gott geglaubt, aber nicht mehr so, wie es da gelehrt wurde. Und je mehr ich darüber nachdachte, wurde mir klar, wie irreführend eine kirchliche Theologie ist, die einen Gott vorstellt, dem man dauernd in den Ohren liegen muss, damit er endlich auf das aufmerksam wird, was er in seiner Güte längst schon hätte merken können. Ein Stück Magie liegt auch darin. Man verlängert Gott zu einer Wunscherfüllungsinstanz für die eigene Bedürftigkeit. Und das kirchliche Versprechen lautet dabei noch, dass dies die Wahrheit sei. So ist sie aber nicht, im Gegenteil, sie schafft aus Enttäuschung einen Atheismus, der in Entscheidungsphasen immer wieder hervortritt. – Vor einer Weile noch erzählte mir eine Frau, die ganz fromm aufgewachsen war, doch deren Liebe gerade enttäuscht und verraten worden war: „Ich stand auf der Lichtung, und ich habe gebetet, wie ich nie gebetet habe: Lieber Gott, hilf." Doch der Zerbruch der Liebe blieb bestehen. Nichts änderte sich. Das war zugleich der Zusammenbruch der ganzen Religiosität und Frömmigkeit, die sie mit unendlich viel gutem Willen gelernt hatte. Und so geht es zweifellos vielen, und so darf es nicht bleiben. Was aber ist dann gemeint mit Beten, und wie sollten wir beten?

Es ist für Jesus, wenn er von Gott spricht, etwas ganz Entscheidendes, ihn nicht nur den Vater zu nennen, sondern ihn mit dem Vertrauen auszustatten, unter allen Umständen gehört zu werden. Ein ganzer Teil von Gleichnissen Jesu dient genau dieser Versicherung: Klopfet, und es wird euch aufgetan (Matthäus 7,7). Betet, und ihr werdet empfangen (Matthäus 7,7). Alles, worum immer ihr in meinem Namen bittet, werde ich euch tun (Johannes 14,13). Das sind wörtliche Zitate aus dem Neuen Testament, aus dem Munde Jesu. Bestätigt das jetzt nicht den alten Glauben, wir sollten nur weiter auf den Knien liegen, die Hände falten und den Himmel bestürmen? Muss da nicht, was Jesus gesagt hat, sich bewahrheiten?

Was meint „Dein Wille geschehe"? – Wie Gott Gebete erhört

Das Erstaunliche ist, dass Jesus gerade im Vaterunser uns lehren konnte zu beten: Dein Wille geschehe. Was das bedeuten kann, schildert das Lukasevangelium in der Szene von Getsemani (Lk 22,39–46). Da bittet Jesus, es möge Gott den Kelch des Leids, den er kommen sieht, vorübergehen lassen. Überliefern wird man ihn an die Römer, qualvoll in Stunden wird er am Kreuz hängen und in den Tod geschickt werden, unter einer johlenden und gaffenden Menge, in der Rechthaberei der Hohen Priester, in dem Sadismus der römischen Soldateska – all das möge Gott an ihm vorbeigehen lassen. Später im Matthäusevangelium wird er zu Petrus sagen: Wenn Gott wollte, hätte er zwölf Legionen Engel zu Hilfe schicken können (Mt 26,53). Was Jesus lehrt beim Beten in Getsemani, schildert Lukas in Form einer Legende. Jesus wird erhört, nicht indem Gott ihm irgendetwas erspart und den Gang der Dinge ändert; er sagt zu ihm aber auch nicht: „Gib ruhig deiner Angst recht. Du musst nicht immer für mich eintreten. Du solltest nicht dauernd von der Liebe gegen die Gesetzlichkeit reden, bis dass man es dir übelnimmt. Mach Kompromisse, erspare es dir, das Leid." – So etwa hat der griechische Nobelpreisträger Nikos Kazantzakis (1883–1957) in „Die letzte Versuchung" sich ausgedacht, wie Jesus das Leid hätte erspart werden können: Da kommt der Schutzengel und sagt dem Gekreuzigten genau diese Dinge: „Wie einfach hättest du leben können! Probiere es doch, steige herab vom Kreuz. Nimm die Frau, die du liebhast, zieh Kinder groß, richte dein Haus ein. Aber doch nicht diese wüste Dramaturgie des Sadismus." Es wäre möglich gewesen, dass das die Erhörung des Gebets Jesu um Verschonung vor dem Leid geworden wäre; aber dann müsste er Gott verraten und sein ganzes Engagement in Frage stellen.

Lukas schildert hingegen, Jesus sei erhört worden, doch nicht, indem ihm etwas erspart geblieben wäre, sondern dadurch, dass ein Engel kam mit einem Kelch, nicht des Leids, jedoch der Stärkung im Leid und gegen das Leid. Wenn Gott uns erhört in unseren Bitten, dann nicht, um die Welt zu ändern, nicht, um dies und das uns zu ersparen, sondern um uns innerlich die Kraft zu geben, es durchzustehen, den Sinn darin nicht zu verlieren und den Zerbruch als Chance für einen Neuanfang zu begreifen, als einen Reifungszustand, den wir dringend brauchen, – so wie bei Abraham, den Gott aus Ur in Chaldäa herausrief (Genesis 12,1). – Vielleicht wäre zum Beispiel ja für die gerade erwähnte Frau, die Gott nicht mehr kennt, weil alles, was sie geliebt hat, zerstört scheint, der Anfang gekommen, sich zu fragen: Wer bin ich eigentlich selber? Was liebe ich absolut? Und wer sagte denn noch, Gott sei eigentlich die Stelle der dichtesten Konzentration aller psychischen Energie? Habe ich meinen Partner womöglich vergöttert und ihn absolut gesehen? Habe ich mich damit als Mensch vertan? Habe ich in ihm etwas gesehen, was er gar nicht sein kann? Von ihm etwas erhofft, das er mir gäbe, obwohl es doch eigentlich in mir selber liegt? Vielleicht habe ich mich nur abhängig gemacht, und ich müsste jetzt darüber hinaus reifen.

So wäre die Art, wie Gott Gebete erhört. Er erfüllt nicht äußerlich unsere Wünsche, er ändert nicht die Zustände, aber er gibt uns Kraft, Zuversicht, Halt, um weiterzugehen, um mit ihm zu gehen, um zu erleben, dass er da ist, wie er da sein wird. Um dieses Gebetes willen hat Lukas vollkommen recht: Er zitiert dieselben Sätze, die auch bei Matthäus stehen: Alles, worum ihr bitten werdet, wird Gott euch geben (Mt 7,7–11), doch ergänzt er das Wort mit einer kleinen Hinzufügung, „indem er seinen Geist geben wird" (Lk 11,13). Das ist die Interpretation des Lukas für die gesamte Gebetslehre Jesu, und sie ist nach meiner Erfahrung absolut konkordant mit dem, was Jesus eigentlich sagen wollte. „Indem er euch seinen Geist gibt", soll heißen: Wir lernen, an Jesu Seite zu beten in einem unbedingten Vertrauen. Und je mehr wir das tun, nehmen wir seine Gesinnung des Vertrauens in uns selber auf. Wir lernen, die Haltung Jesu in uns aufzunehmen, wir verinnerlichen das, was wir bei Jesus in seiner Güte, Zugewandtheit, Menschlichkeit, Vergebungsbereitschaft, Offenheit, Leidenschaft, Entschlossenheit und Engagiertheit kennengelernt haben, als verbindlich für uns selber. Das Beten an der Seite Jesu ist identisch damit, die Haltung Jesu in uns selber sich zu eigen zu machen, sie in uns aufzunehmen. Eines Tages wird Jesus nicht mehr bei uns sein, aber innerlich gegenwärtig (Johannes 14,15–21), und das eigentlich noch viel mehr, als er äußerlich bei den Jüngern damals hat gegenwärtig sein können. Das wäre die Erfüllung aller Gebete, meint Lukas. Wie am Pfingsttage würden wir geisterfüllte neue Menschen im Sinne Jesu.

Vielleicht kann man diese Hoffnung ein Stückchen weiter noch vermitteln. Eben sprachen wir davon, dass Heilung sein könnte durch das Aussprechen von unerfüllten Träumen, Wünschen, Triebregungen und freien Assoziationen auf der Couch von Sigmund Freud. Wie nun, wenn zu beten ein Gleiches wäre? Es wäre die Erlaubnis, alles, was wir brauchen oder zu brauchen meinen, was wir dringlich wünschen, was wir benötigen oder zu benötigen glauben, strömen zu lassen; und es gäbe ein Gegenüber, dem wir alles das sagen dürften. Die eigene Mutter womöglich, wenn sie uns zuhörte, würde in Schrecken ausbrechen und sagen: „Wo denkst du hin? Mädchen, das kannst du nicht machen." Der Vater würde sagen: „Du bist doch ganz verrückt geworden; jetzt hör mal zu." Alle hätten womöglich etwas gegen unsere Wünschbarkeiten, aber es gäbe jemanden, der zuhört, quasi wie ein Psychotherapeut, der nicht eingreift und nichts zensiert. Der lässt es kommen, der lässt es fließen, im Vertrauen, dass das Wasser sich reinigt im Gestein einfach dadurch, dass es fließt. Genauso unsere Seele. Es gibt die Erlaubnis, alles Gott anzutragen. Alle Gefühle. Das Gebetbuch Israels, die Psalmen, ist allein deshalb schon großartig, meinte Martin Buber (1887–1965), weil alles, was Menschen fühlen können, Gott anvertraut werden und mit ihm besprochen werden kann – weil es eben die übliche gesellschaftliche Zensurgrenze nicht gibt. Und dann läutert es sich von innen her. Es darf sein. Es beginnt, zu uns selbst zu gehören. Es eröffnet damit einen Raum der eigenen Entscheidung. Und es ermöglicht, dass wir selber über das nachdenken, was bis dahin die Eltern für uns tun zu müssen glaubten: Was ist vernünftig, was ist es nicht, was geht in der Realität, und was sollten wir besser lassen? Was sind die Wirkungen von dem, was wir da anrichten? All diese Gedanken kann man sich auch selber machen, doch erst dann, wenn man zu seinen Wünschen stehen kann, wenn die Frage wirklich echt ist: Was ist meine wirkliche Option?

Übung des Vertrauens

Das freilich ist ein weites Feld. Es gibt Wunschregungen, die uns unsicher zurücklassen. Man möchte etwas, aber kann man es auch wollen? Das kann ein langer Entscheidungsweg werden. Ich möchte schon, aber kann ich das wirklich wollen? Erst wenn ich mir sage, ich will das jetzt wirklich, kann man überlegen, mit welchen Mitteln, unter welchen Umständen. Wie gestalte ich die Wirklichkeit, dass es darin unterzubringen ist? Von der Triebregung zur Überlegung, vom Mögen zum Wollen, von der Entscheidung zur Handlung – das ist ein langer Prozess in vielen Stufen. Eigentlich ist Beten eine Form, einen solchen Weg zu gestalten, der zu uns selber führt. Wir können aussprechen, wer wir sind, wofür wir da sein möchten, woraufhin wir in wachsender Übereinstimmung uns auszurichten beginnen, und wir gehen das alles in Freiheit durch. Im Hintergrund aber steht immer ein Vertrauen, selber gemeint zu sein, selber sein zu dürfen, selber akzeptiert zu sein, gleich und egal, wie es kommt. Insofern ist das Gebet eine ständige Übung des Vertrauens, und das, nehme ich an, hat Rahner gemeint: „Ich glaube, weil ich bete." Im Gebet ist die Haltung des Glaubens die Praxis, die erfahrbare Bestätigung.

Verbundenheit in Liebe

Noch einen Schritt weiter könnten wir gehen. Wir sind verbunden als Menschen untereinander. Nun setzen wir einmal voraus, wir hingen sehr aneinander. Dann schlagen wir das zwölfte Kapitel der Apostelgeschichte auf, und wir haben die folgende Situation vor uns: Herodes Agrippa I. (41–44 n. Chr.) hat sich auf die Seite der Pharisäer gestellt und findet die Jesusbewegung in Jerusalem beunruhigend; einen ihrer Führer, Jakobus, den Sohn des Zebedäus, einen der beiden Donnersöhne (Markus 3,17), lässt er einsperren und umbringen (Apg 12,1–23). Zu seiner Freude findet er, dass diese Tat den orthodoxen Juden gefällt. Also verhaftet er gleich darauf die Spitze der Bewegung, Petrus. So die Legende (Apg 12,4–11). Petrus also sitzt im Gefängnis, und jetzt passiert zweierlei: Für Jakobus betete die Gemeinde, und auch für Petrus betete die Gemeinde, in dem einen Falle aber scheinbar ohne Erfolg: Jakobus wurde getötet. In dem anderen Falle erfüllt das Gebet sich aufs scheinbar Fantastische: Ein Engel kommt und führt Petrus aus dem Gefängnis, das er unter viermal vierfacher Bewachung durch ein Eisentor verlässt. Als Petrus zu der Gemeinde kommt, begreifen sie dort gar nicht, wie das möglich ist. – Was sagt uns da das Gebet, mit dem die Gemeinde die beiden inhaftierten und dem Tode ausgesetzten Mitbrüder begleitet hat? Im einen Falle scheinbar wurde das Gebet nicht erhört, im anderen wurde es scheinbar auf wunderbare Weise erhört. Die Lehre daraus ist von großer Bedeutung. Wir sollen nicht denken, ein Gebet werde äußerlich stets erhört. Beten besteht darin, eine Verbundenheit beizubehalten mit Menschen, die in Gott nie vergehen. Was sie sind, entscheidet sich überhaupt nicht am äußeren Gang der Geschichte, sondern rein inwendig, da aber gilt es unverbrüchlich.

So kommen wir dahin zu glauben, dass wir Menschen nur wirklich helfen können, zum Beispiel psychotherapeutisch, indem wir beten. Eben noch haben wir gesagt, es sei nur möglich, auf Menschen wirklich einzugehen, indem wir an sie glauben. Wir kennen sie nicht, wir lernen sie kennen durch ein Vertrauen, das unbedingt Geltung hat, aber sich nicht empirisch fundiert, sondern nur von einem Gegenüber her, das wir absolut voraussetzen. Und um das erfahrbar zu machen, ist das Gebet die einzige Form, es zu verwirklichen. In einer bestimmten Zeit des therapeutischen Gesprächs, sagen wir nach einer Stunde, geht eine Patientin oder ein Patient wieder fort; wir haben viel Grund, in Sorge zu sein, was jetzt passieren wird und wie es weitergeht – wir wissen das nicht. Wir haben noch nicht einmal einen Plan gemacht, wie es sein sollte. Wir haben sogar eher die Vermutung, dass, wenn es so einen Plan gäbe, er nicht in Erfüllung ginge – um die Ecke käme es ganz sicher wieder vollkommen anders; neue Erinnerungen, Gedanken, Widerreden von früher könnten sich regen und alles torpedieren. Was wird dann passieren? Das kann bis in die Krise von suizidalen Patienten gehen, die am Leben förmlich verzweifeln. Wir haben keine Garantie, wir verfügen über keine Parole zu sagen: „Du musst aber, jetzt gilt es aber, jetzt hör mal zu." Wir können lediglich weiter darauf vertrauen, dass der andere behütet bleibt in den Händen Gottes. Und diese Verbundenheit im Vertrauen ist das Gebet, durch das wir den Patienten begleiten durch die Gassen, dass er nach Hause kommt. Und in aller Zeit, die dazwischenliegt, geht das Flehen weiter, dass er wiederkommt.

Beten ist eine solche Verbundenheit der Liebe, vor dem Hintergrund eines Vertrauens, das nie enden kann. Es ist eine Form gelebter Menschlichkeit, die sonst gar nicht möglich wäre; ohne sie könnte die Beziehung ganz schnell an der Enttäuschung, dass es anders kommt, als wir gehofft haben, zerbrechen. Dann war der Patient halt uneinsichtig, dann hat der nicht richtig mitgearbeitet. „Ja, wenn Sie so sind, kann ich Ihnen auch nicht helfen." Das ist oft genug die Auskunft von Ärzten, wenn sie mit dem Patienten nicht zurande kommen. „Ja, da würde ich aber mal drüber nachdenken." Das soll heißen: „Ich kann Ihnen auch nicht helfen; aber die Schuld dafür tragen Sie." Am Ende wird der gute Wille sogar umschlagen in Vorwürfe: Der Patient hat nicht wirklich geheilt werden wollen. – Alles das kann man sich nur ersparen, indem man den Raum von vornherein offenhält, buchstäblich jetzt für Gott, und erfahrbar, lebbar wird das im Gebet. Es hört nie auf. Es ist eine so simpel scheinende Floskel: Ich bete für Sie. Was hat der andere schon davon?

Vorwegnahme einer zukünftigen Wirklichkeit

Bei Fjodor Michailowitsch Dostojewski (1821–1881) in „Schuld und Sühne" fragt der verzweifelte Student und Doppelmörder Raskolnikow die Dirne Sonja, die mit ihrer Schande das Geld für ihren alkoholkranken Vater und ihre lungenkranke Mutter aufbringt, in einer ergreifenden Szene einmal: „Was gibt dir denn dein Gott?" Er meint, Sonja müsste längst richtig zu einer Prostituierten geworden sein oder sie müsste sich das Leben nehmen oder sie würde ins Irrenhaus gehen; aber Sonja antwortet: „Alles gibt er mir." In einem Leben, das gar keines ist, das von allen nur verächtlich gemacht werden kann, das so unvernünftig quer zu allem bürgerlichen Denken steht, behütet der Glaube an Gott ihre Liebe und ihre Unschuld; er ist ihre Identität. Das eben ist so eine Geschichte, von der Nietzsche vorhin meinte, es mache die Gesellschaft zu einem russischen Irrenhaus, und eben das mache das Christentum aus uns mit seinem Mitleid. Dostojewski aber weiß: Sonja tut alles das nicht, sie wird nicht verrückt, sie identifiziert sich nicht mit der aufgezwungenen Schande, sie nimmt sich nicht das Leben. Sie geht durch ihr Elend hindurch wie eine Heilige, sie geht wie Petrus über das Wasser, und das trägt sie (Matthäus 14,22–33).

So ist Beten: Man schaut in die Augen der Person, die vom anderen Ufer her auf uns zukommt; und man hört ihre Stimme sagen: „Warum bist du so wenig vertrauensvoll?" Kaum fassen wir, was da geschieht: Gegen den Sturm und gegen den Wogengang trägt uns der Abgrund, und wir gehen hinüber von dieser Welt in jene andere Welt, dorthin, wohin das Boot unterwegs war (Johannes 6,16–21). Dem gehen wir voraus. Das ist Gebet. Wir antizipieren eine Wirklichkeit, die wir gar nicht kennen und von der wir doch wissen, sie besteht in einer persönlichen Begegnung, die alles umfängt, was wir sind und was aus uns werden wird; in die geben wir uns hinein. Das heißt: „Dein Wille geschehe."

Vertrauen in den Beistand Gottes

Vielleicht um den Ernst der Sache ein wenig lustig zu gestalten, könnten wir auf das Scheitern hartnäckiger Erfüllungsbeter kurz einmal zu sprechen kommen, die in ihrer unverwüstlichen Zudringlichkeit nicht aufhören, von Gott ein Wunder zu verlangen. Sie haben soeben vollkommen richtig gesagt: Aus lauter Angst, aus lauter Verzweiflung klammern wir uns oft an Gebete, mit denen wir den Himmel bestürmen; wie Ertrinkende hängen wir uns an die Planken eines untergehenden Schiffes: Dieses Stück Holz jetzt muss uns retten, dass wir hinüberkommen; Gott selbst muss mit dieser Planke uns aus dem Wasser ziehen.

Es gibt eine launige Geschichte aus dem Indischen. Es war einmal ein Mann, der in seiner Not den Gott Shiva pausenlos mit Gebeten bestürmte, bis der Gott ganz nervös wurde und es leid war. Er wollte seine Ruhe haben und sagte dem Mann: „Nun ist Schluss; drei Wünsche hast du, die werden bestimmt erfüllt, aber dann für alle Zeiten ist es zu Ende mit den Wunscherfüllungen deiner Gebete." Der Mann bedachte sich und fand, dass es richtig sei auszusprechen, was er irgendwie immer schon gewünscht hatte: Seine Frau möchte sterben. Augenblicks ward der Wunsch erfüllt. Doch als seine Freunde zu ihm kamen, sagten sie, dass seine Frau doch eine Seele von Mensch gewesen sei in ihrer Schönheit, in ihrer Menschlichkeit, in ihrer Gutmütigkeit. Was für ein Verlust, dass sie gestorben sei! Wie er damit leben könne? Er wusste es auch nicht mehr. Sein zweiter Wunsch an Shiva war deshalb, die Frau möchte wieder lebendig werden. Damit waren zwei Wünsche vertan und nur einer noch offen. Jetzt also wollte er sich besinnen und fragte seine Freunde: „Was soll ich denn beten und erbitten?" Der eine sagte: „Du bist eine arme Kirchenmaus, du musst Reichtum erbitten, ist doch klar." Und der nächste sagte: „Was hilft dir aller Reichtum, wenn du einsam bist? Freunde musst du dir erbitten. Gemeinsamkeit, Zustimmung der anderen." Und der dritte sagte: „Das nützt doch alles nichts. Was hilft dir ein Kreis von Freunden, unter denen du sitzt und Bier trinkst, wenn du Rückenschmerzen hast. Ein Bandscheibenvorfall genügt. Gesundheit musst du erbitten." Der Mann war so verwirrt, dass er Shiva fragte: „Was soll ich mir denn erbitten?" Und Shiva lachte laut und sagte: „Du, dass du endlich einverstanden bist mit dir und der Welt, wie sie wirklich sind." – Das Gebet, will die Geschichte sagen, ändert nicht die Welt, aber es hilft uns, so zu uns selber zu stehen, dass wir mit ihr klarkommen.

Es gibt noch eine andere indische Erzählung, die in der Bhagavadgita spielt, dem Neuen Testament der Hindus. Das Buch ist an vielen Stellen interpretationsbedürftig, aber wir hatten sogar einmal einen indischen Staatspräsidenten, Sarvepalli Radhakrishnan (1888–1975), der einen kompletten Kommentar zur Bhagavadgita vorlegte. In diesem religiös konzentrierten Lehrgedicht innerhalb des Mahabharata-Zyklus geschieht es, dass ein Bruderkampf ausbricht, im Wissen, dass alle Kriege, die geführt werden, im Grunde grausame Bruderkriege sind. Und der Gott Vishnu erscheint in der Gestalt Krishnas dem General der Pandavas mit Namen Ardschuna. Die Militärreihen sind angetreten in Kurukshetra in der Nähe von Delhi; auf der einen Seite stehen die Pandavas, auf der Gegenseite die Kauravas, Judishtira ist ihr General. Sie alle werden sich wechselseitig ermorden. Aber Ardschuna will die ganze Schlacht nicht, er verweigert den Brudermord. Doch Krishna findet, dass im Weltgetriebe es notwendig ist, dass jeder seine Pflicht tut, auch als Kshatrija, als Krieger. Ardschuna soll kämpfen. Die Frage ist jetzt nur, auf welchen Beistand kann er vertrauen? Vishnu sagt zu ihm: „Ich kann dir geben, wenn du es erbittest, meine Streitmacht." Das wäre die Legion Engel, von der Jesus redete. Doch Ardschuna sagt: „Kämpfen kann ich selber, da brauche ich deine Hilfe nicht." Dann aber sagt Vishnu: „Ich kann dir auch meinen Beistand geben." Und da sagt Ardschuna: „Den brauche ich."

So erfüllt sich das Gebet. Nicht äußere Hilfe, nicht äußere Manipulationen sind die Erfüllung des Gebetes; vielmehr ist es das Vertrauen in den Beistand Gottes, das stark macht und uns in Auseinandersetzungen standhalten lässt. – Die ganze Schlacht bei Kurukshetra ist hochsymbolisch, Gandhi hat durch die Bhagavadgita den Pazifismus gelernt. Eigentlich müssen Menschen, die wissen, wer sie sind, nicht mehr gegeneinander kämpfen, hat er daraus gelernt. Das in der Tat wäre eine wunderbare Erfüllung so mancher Gebete um den Frieden: Gottes Beistand. Wir wüssten, wer wir selber sind, wir hätten keine Angst mehr. Wir müssten uns nicht länger mehr in Rechthaberei in den Himmel prügeln.

Kapitel 10

Heute Gott erfahren

MARTIN FREYTAG: Herr Drewermann, Schülerinnen und Schüler fragen immer wieder, oft auch indirekt, danach, wie man denn Gott ganz konkret im Alltag erfahren könne. Das scheint nicht so leicht, denn schon für Dietrich Bonhoeffer galt, wie schon gesagt: „Einen Gott, den es gibt, gibt es nicht." Heute, viele Jahrzehnte später, scheinen wir geradezu eingepanzert in eine digitale Welt, so wie wir in einer Welt des gnaden- und seelenlosen Kapitalismus stecken, der von seiner Struktur her geradezu eine Kriegserklärung an Menschen selber ist. Und wir leben in einer Welt, in der die Ökologie durch die Ökonomie in vielfacher Hinsicht aus den Fugen gerät und das künftige Leben auf diesem Planeten bedrohlich in Frage stellt. Unter diesen verschärften Bedingungen also die Frage: Wie können wir heute Gott erfahren und an ihn glauben, ihn denken, ihn lieben?

EUGEN DREWERMANN: Es gibt so viele Menschen, die sagen: Ich kann an Gott nicht glauben, weil die Weltwirklichkeit alles erdrückt, was ich mit Hoffnung, mit Vertrauen, mit Liebe verbinden würde. Und Sie zählen jetzt die vielen Bedrohungen des Menschlichen auf, die in unserer geschichtlichen Situation gegeben sind. Die Festellung aber gilt jetzt verstärkt: Diese Krisen, diese Gefährdungen, diese Bedrohungen des Menschlichen zeigen uns nicht, dass es keinen Gott gäbe, sie zeigen uns eine Welt, die von Gott weit entfernt ist, buchstäblich eine gottfremde, gottlose Welt, in der vor allem das nicht vorkommt, was wir die ganze Zeit mit Gott auf das Innigste verbinden: Güte, Gnade, Menschlichkeit; all das wird erstickt, es darf förmlich nicht sein, denn wir haben ein Gesetz, wir haben Recht zu haben, wir müssen uns durchsetzen. Doch ebendeshalb brauchen wir Gott umso mehr.

Statt gottlos gewordener Religion: Menschlichkeit außerhalb aller Gesetze

Walter Benjamin (1892–1940) hat einmal die Religion unserer Zeit den Kapitalismus genannt. Die Frage ist sehr ernst: Was wird, wenn wir nicht an Gott glauben, sondern ersetzen den Glauben an Gott, indem wir eine Wirtschaft einrichten, die in Anspruch nimmt, alle Sinnfragen, alle Fragen nach dem Wert unserer Persönlichkeit, alle Handlungsanweisungen, alle Definitionen von Verantwortung und Moralität in ihrem Kreis der nützlichen Pragmatik aufzulösen? Dann haben wir diese Welt einer gottlos gewordenen Religion, und wir spüren genau, dass wir damit nicht leben können. Also müssten wir jetzt beginnen, diese Erfahrung Punkt für Punkt umzudrehen, um Gott wirklich zu erfahren. Wir glauben dann mal nicht an den Kapitalismus; wir nehmen mal an, wir träfen Menschen, die das Geld, das sie haben, als ein Geschenk empfinden, das man weitergeben sollte. Solche Leute haben an der Seite Jesu gelernt unter den Augen Gottes, dass uns gar nichts gehört. Selbst dass wir existieren, ist ein Geschenk aus den Händen Gottes, ein Akt unverdienter Güte. – Für das, was wir haben, gilt das genauso. Selbst das Wissen, das wir uns erworben haben, basiert darauf, dass wir einigermaßen noch gesund sind, ein Zustand, der leicht störbar und um die Ecke schon zu ändern ist. An jeder Stelle haben wir Grund zur Dankbarkeit für das Geschenk, miteinander zu leben. Dieses Geschenk besitzen wir nicht, um es festzuhalten und dabei krasse Egoisten zu werden, indem wir es zu vermehren trachten im Kampf des einen gegen den anderen, sondern wir besitzen es, um es mitzuteilen, weiterfließen zu lassen, weiterzugeben. Mitten im Kapitalismus beginnen wir etwas vollkommen Antikapitalistisches. Wir akkumulieren nicht Reichtum, wir nehmen das, was wir haben, um alle anderen daran teilhaben zu lassen. Und schon verstünden wir Gott. Schon erführen wir etwas von Gott.

Da sitzt ein Bettler am Straßenrand. Wir können sofort bemerken, wie er riecht; das zeigt, dass er seinen Ruin ja selbst betreibt. Er ist ein Alkoholiker, ein Süchtiger; er war zu faul in der Schule, er ist ein Außenseiter, ein Parasit im Grunde: Dem Mann Geld zu geben, ist wie Taubenfüttern – das hat die Stadtverwaltung gerade verboten; Leute wie diese sollte es gar nicht geben, und wenn er schon da sitzt, wird die Polizei bald kommen und ihn außerhalb der Stadt verbringen. Also: Ich gehe schnell vorbei; außerdem habe ich jetzt nicht die Zeit, die Lust, die Nerven; ich habe Wichtiges vor; ich bin ein wichtiger Mensch. – So können wir denken. Wir können aber auch denken: Dieser Bettler sitzt da, ohne es zu wollen. Er ist einer der armen Teufel, auf die Jesus immer zugegangen ist. Er kann überhaupt nichts dafür, dass er so ist. Er weiß nicht zu leben. Offen gestanden, ich kann ihm nicht wirklich helfen. Ich kann nicht seine Sucht einfach wegstreicheln. Ich habe kein magisches Wort, ihn aus der Gosse zu holen. Aber warum soll ich nicht fünf Euro für ihn haben, dass er mal eine Tasse Kaffee trinken und ein bisschen frühstücken kann oder dass er mal eine Stunde in einem Restaurant sitzt und nicht frieren muss auf der Straße.

Eine solche Geste ist nicht das ganze Leben, doch sie ist ein kleiner Lichtblick im Leben. Sie ist ein Stück der Gnade, die niemals verdient ist, doch von der die Menschen existieren. – Manchmal erlebt man das: Plötzlich schauen Leute erstaunt auf, und das Glück, das dann in ihren Augen für den flüchtigen Moment aufstrahlt, ist etwas wie ein Schimmer vom Himmel – eine Erfahrung von Gott, ein Glück, das zurückkommt und das zu schenken wenig kostet, wenn wir ehrlich sind. Aber in solchen Formen von Menschlichkeit außerhalb aller Gesetze, aller Verordnungen, aller sozialen Zwänge, aller wirtschaftlichen Vernunft ereignet sich plötzlich eine Freiheit, die einen Menschen aufrichtet. Wie wenn in der Wüste, die trocken liegt, für 24 Stunden Regen niederkommt – dann verwandelt sich die Wüste in das Wunder einer üppigen Vegetation mit explodierender Schönheit –, wie manche Kakteen auf dem Fensterbrett plötzlich trompetenähnlich in wenigen Stunden eine Blüte hervortreiben, die dann abfällt, und es bleibt der alte Kaktus; doch so zeigt sich Leben, das sich weitergibt.

Solche Momente sind zwischenmenschlich der Anfang davon, Gott zu erfahren; sie sind die Widerlegung der Ordnung, in die wir sonst gottlos verfügt und versklavt sind, an die wir aber nicht glauben müssen. Wir müssen nicht etwas tun, nur weil alle es tun. – Wir sprachen soeben noch davon, dass wir selber sein können, dass wir Individuen sein können, die auch andere Individuen in ihrer Eigenart, in ihrer Notlage, in ihrer Bedürftigkeit wahrnehmen. Und dann können wir uns sagen: „Ich habe doch nur Glück gehabt. Da, wo der andere sitzt, könnte ich genauso sitzen. Ich hätte nur in dem Elternhaus groß werden müssen, in dem er groß geworden ist – 30 Zentimeter Ziegelsteinwand nebenan. Nichts wäre zu dem geworden, was ich jetzt bin. Aus mir höchstwahrscheinlich wäre geworden, was aus ihm geworden ist. Im Übrigen ist er nicht asozial, sondern hypersozial: Er schützt die Gesellschaft vor der Kriminalität, die in ihm lauert, indem er sich betäubt und betrinkt und ruiniert. Die Kräftigeren würden irgendeinen Bruch machen, sich das Geld beschaffen, das sie nicht haben, oder Widerständler werden. Die kommen ins Gefängnis. Unter den Außenseitern polarisiert es sich zwischen den Schwachen und den Starken, den Abhängigen und den Aufrührerischen; aber alle haben Teil an derselben Not und warten auf eine Hilfe, die wir versuchen können zu geben, so gut es eben gehen mag, im Wissen, dass wir auf einer tieferen Ebene dazu verpflichtet sind. Wir haben nur Glück gehabt – das Glück eines Geschenks, das uns verantwortlich macht, es weiterzugeben an die Unglücklichen."

Wenn wir so denken, treffen wir nicht mehr mit kriminellen, unanständigen, asozialen Bürgern zusammen; der Spuk all dieser Begriffe hebt sich auf unter den Augen Gottes. Fangen wir an, daran wirklich zu glauben, hätten wir die ganze Wirtschaftsordnung hinter uns. Sie verliert ihren Zwangscharakter. Wir könnten mit Geld anders umgehen.

Statt darwinistischen Weltbilds: Empathie mit allen Lebewesen

Und was machen wir mit der Natur? Wir haben schon gesprochen von der Grausamkeit, die wir in der Natur sehen. Und so stimmt es auch: Wenn wir Gott aus den Augen verlieren und sehen nur die Welt, bleibt einzig das darwinistische Weltbild übrig. Glauben wir aber an Gott und sehen alles, was uns umgibt, als Schöpfung Gottes, entdecken wir mit einem Mal in den Kreaturen an unserer Seite den gleichen Wunsch nach Leben wieder, den wir selbst in uns tragen, den Wunsch nach Nahrung, den Wunsch nach Geborgenheit. Alle Säugetiere sind fähig, solche Gefühle, solche Bedürfnisse zurückzumelden. Und wir finden in dem Glück, mit dem unser Hund zu uns aufschaut oder unser Kätzchen uns um die Beine streicht, einen Moment, in dem es uns erlaubt wird, die Kreaturen zu betrachten mit den Augen Gottes. In uns selber antwortet es mit Liebe, mit Zuneigung, mit Güte. Wir werden uns weigern, ein fühlendes Wesen, das uns so anschaut, mit Leid zu quälen. – Und dann schauen wir uns an, wie unser Wirtschaftssystem es eingerichtet haben möchte: Hühner, 100.000 Hühner in Legebatterien; Schweine, 6.000 in einer Stallung von Boxen, in denen sie sich nicht mal umdrehen können, in denen eine trächtige Sau nicht einmal sich auch nur im Kreis bewegen kann, wo sie ihre Jungen gebiert, die ihr weggenommen werden, um als Schlachtvieh weiterverarbeitet zu werden. Der Gestank der Tiere, die sehr geruchsempfindlich sind, ist alleine schon eine ständige Qual. Die ganze Haltungsbedingung in der industrialisierten Landwirtschaft bedeutet eine ständige Qual für die Tiere, aber der Landwirtschaftsverband wird sagen: So müsst ihr es tun, nur so bleibt ihr effizient. Ihr könnt als Bauern bei der Tierzucht nur so überleben und konkurrenzfähig sein.

Sollten wir da nicht sagen: Das machen wir anders? Wir denken überhaupt nicht an Rendite. Wir denken mal, was den Tieren wirklich guttut, was ihre Bedürfnisse sind. Wenn sie Geschöpfe Gottes sind, dann behandeln wir sie auch mal mit dem Respekt, den sie verdienen als Geschöpfe Gottes. So etwas, wohlgemerkt, sagt uns nicht die Evolution oder das Universum. Naturwissenschaft kann uns sagen, wie Tiere leben, die Verhaltensforschung kann das gut erklären, aber allein darin liegt kein Befehl, entsprechend mit den Lebewesen umzugehen. Das tut die Natur oder das Universum ja auch nicht; sie gehen brutal über alle Bedürfnisse der Einzelnen hinweg. Wir Menschen aber können das. Wenn wir die Kreaturen betrachten mit den Augen Gottes, dann können wir einfühlend antworten auf fühlende Wesen und uns weigern, gefühllos wie mit Maschinen mit ihnen umzugehen und sie in die Maschinerie der Verwertung in den Schlachtfabriken und Metzgereien hineinzuschieben. Schopenhauer sah hier richtig: Das betrifft direkt unsere Menschlichkeit; denn die Gefühle, die wir den Tieren gegenüber verweigern, haben wir natürlich auch nicht mehr zur Verfügung im Umgang mit Menschen. Wir können Gefühle nur einmal betäuben, so wie bei Zahnschmerzen: Ist der Nerv erst einmal abgeklemmt, steht er nicht mehr zur Verfügung. Leo Tolstoi (1828–1910) meinte, die Schlachthöfe seien so etwas wie die Vorbereitung der Schlachtfelder, denn solange es die einen gebe, werde es die anderen geben.

Das ist ganz direkt zu nehmen. Wir lernen das Töten bei den Tieren. Doch dann, beim Militär, halten wir *High Speed Guns* in den Händen, die in zwei Kilometer Entfernung treffen und deren Impulswirkung beim Einschlag ihrer Geschosse die Gewebe derart zerreißt, dass sie unbehandelbar werden. So etwas muss man üben bei der Bundeswehr an Schweinen. Die sind den Menschen so ähnlich, dass man an ihnen sehen kann, medizinisch, was passiert, wenn es mit Menschen geschieht. Also üben wir das. – 1952 probierten die Amerikaner auf dem Bikini-Atoll die erste Wasserstoffbombe aus. 40.000 Wirbeltiere nahmen sie mit, um zu sehen, in welcher Entfernung die Druckwelle die Trommelfelle zum Platzen bringt, in welcher Entfernung die Wärmestrahlen die Haut zersetzen, in welcher Entfernung die atomare Strahlung Krebs erzeugt und in wie vielen Generationen die Genetik dahin führt, missgebildete Kinder hervorzubringen. Das alles wollte man wissen, nicht um es zu vermeiden, sondern um es optimal einzusetzen bei der Anwendung auf Menschen in einem Atomkrieg. Das musste man üben im Kalten Krieg, um sich wechselseitig im Gleichgewicht der Kräfte bedrohen zu können, in der *Balance of Power*, im Gleichgewicht des Schreckens. Das ist dann das, was man Frieden nennt in dieser Ordnung der Gottesferne. Dazu sagte Jesus: „Ich bringe euch meinen Frieden, nicht wie die Welt ihn gibt" (Johannes 14,27). Wir müssen an all das nicht glauben, was in den Zeitungen steht, und sobald wir damit aufhören, erfahren wir Gott. Wir nehmen ihn ernst, wir bringen ihn in die Welt, indem wir sie mit seinen Augen sehen.

Statt des Weiter-so: eine andere Perspektive, ein anderes Weltbild wählen

Mit Recht sagen derzeit manche warnend, wir schaffen gerade den Menschen ab, und sie fragen sich: Warum auch nicht? In der Biologie lernen wir, dass wir als Menschen nichts weiter sind als CH_4-Ketten-Moleküle, die eine Zeit lang in der Zusammenfügung relativ konsistent sind, aber allein in der Strukturzusammensetzung abnutzbar und zum Untergang bestimmt. Die Natur bringt uns hervor, und sie nimmt uns zurück, und sie verwertet die aufgewandte Energie, indem sie sie neu zusammenfügt. Wenn das die einzige Auskunft über unser Leben sein soll, ist das ohne Gott auch gerade so im Umgang miteinander zu machen. Dann dürfen wir uns nicht wundern, dass wir uns als Menschen so betrachten und miteinander verfahren wie mit Maschinen.

Einen erheblichen Beitrag zur Beschleunigung der Entwicklung in diese Richtung leistet inzwischen die Neurologie. Was passiert zwischen den Schläfen in unserm Gehirn? Das können wir seit etwa 30 Jahren durch die bildgebenden Verfahren zum ersten Mal beobachten, und wir sind nicht mehr auf postmortale Hirnschnitte angewiesen, um herauszufinden, wie etwa die Alzheimer'sche Erkrankung entsteht. Wir können live beobachten, was im Gehirn los ist, wenn jemand hirnorganisch erkrankt, welche Aktionsströme in bestimmten Angstverarbeitungsformen wie geschaltet durch das Gehirn laufen. In all den Betrachtungen sind wir wieder dabei, objektiv uns dem anderen zu nähern, nach kausalen Erkenntniskategorien. Was wir auf diese objektivierende Weise nicht zu sehen bekommen, ist die subjektive Innenseite dessen, was wir da beobachten. Das ginge nur, indem wir den Zugang änderten vom Erklären und Begreifen hin zum Verstehen. – Das schöne deutsche Wort „verstehen" meint genau das, was es sagt: sich an die Stelle des anderen begeben, mit seinen Augen sehen. Und das nun wäre ein wirklich göttlicher Auftrag. Wir interessierten uns für die subjektive Seite, für die Innenseite der Seele, für das, was in einem Einzelnen vor sich geht. Das müsste er uns sagen, und von daher könnten wir noch einmal den Blick auf die ganze Sphäre seiner Wirklichkeit werfen, in der er leben muss und in der er existiert. Er sitzt womöglich in der Hölle, wir aber können ihn da herausholen, wenn wir verstehen, wie er dahin gekommen ist und wie er sich beschreibt in seiner Qual. Das alles können nicht Maschinen, nicht digitale Apparate, nicht die Algorithmen der KI, obwohl uns glauben gemacht wird, dass das die Zukunft sein wird, sein muss. Schon haben wir Computer, die bei Behinderten nicht nur den Teppich kehren, sondern auch den Einkaufszettel programmieren, die den Kühlschrank überwachen auf den Inhalt; diese Geräte werden morgen fähig sein, irgendwas zu kochen oder ein neues Bett anzuliefern. Wir sprechen mit Computern; sprachgesteuerte Maschinen werden in den Pflegeheimen das zu teuer gewordene Pflegepersonal ersetzen. Das alles ist ein Albtraum, weil es mit uns Menschen kaum noch etwas zu tun hat.

Es gibt tatsächlich Theoretiker in der Biologie, die sagen, diese Kohlenwasserstoff-Kettenmoleküle, aus denen wir bestehen, sind vielleicht überhaupt nur ein Übergang in der Evolution. Die Bedingung, dass sie entstehen konnten, waren Siliziumscheiben hochwahrscheinlich. Die fungierten als Katalysatoren, sodass diese Kettenmoleküle entstehen konnten. Die heutige Computerwelt aber setzt jetzt das Silizium an die Stelle, wo so etwas wie Bewusstsein, Geist und Intelligenz im Sinne von Informationsbearbeitung möglich ist. Vielleicht ist die Kohlenstoffwelt also nur ein Übergang von der Siliziumwelt zur Siliziumumwelt. Wir schaffen am besten den Menschen ab und haben nur noch die Computer. Die bringen viele Vorteile: Sie sind gehorsam, pünktlich, unermüdlich, sie sind nicht so schmutzig, sie haben keine stinkende Verdauung, sie werden nicht so schnell krank. Warum also sollen wir den Menschen nicht in eine Zukunft entlassen, wo nur noch das Silizium lebensähnliche Konstruktionsformen bietet? Wäre das nicht sogar die Hoffnung?

Das ist durchaus ernst gemeint. Vor über 30 Jahren hat in einer beliebten Fernsehsendung Hoimar von Ditfurth (1921–1989) wirklich solche Spekulationen angestellt. Denn unmöglich ist das nicht. Angenommen, es sollte mit uns noch ein paar Tausend Jahre oder sogar entsprechend den Zeitmaßen, in denen wir entstanden sind, ein paar Millionen Jahre lang so weitergehen, wird kein Mensch glauben, dass das in der Art, wie wir gerade loslegen, sich durchhalten könnte.

Wir haben Politiker, die behaupten, sie wüssten, was im Jahr 2050 sein soll, aber wir wissen nicht einmal, ob im Jahr 2050 neun oder elf Milliarden Menschen auf dem Planeten leben werden. Wir haben keine Ahnung.

Ich glaube, dass wir so nicht weitermachen können, wie wir seit etwa 8.000 Jahren, seit der neolithischen Revolution, seit dem Anfang dessen, was wir Geschichte nennen, mit immer größerer Geschwindigkeit machen. Das zeichnet sich längst schon einigermaßen klar ab an einer ganzen Reihe von Symptomen. Die Naturzerstörung geht so nicht weiter, die Wachstumsdynamik, der Kapitalismus gehen so nicht weiter, das Ausbeutungsdenken geht so nicht weiter, die Renditevermehrung geht so nicht weiter – gar nichts geht so weiter. Alles schreit inmitten einer gottfernen Welt danach, eine andere Perspektive zu wählen, die uns erlaubt, Gott näher zu sein in einem vollkommen anderen Umgang mit uns selber, mit den Menschen an unserer Seite, mit den Kreaturen neben uns. Das ist keine nur technische oder utilitaristische Notwendigkeit. Wohl, eine solche besteht, und sie nimmt die Politik in die Pflicht eines verantwortbaren Planens und Handelns, aber die Ermöglichung dafür ist ein gänzlich anderes Weltbild, das darin besteht, die Welt, die uns umgibt, als Schöpfung zu begreifen und uns selber darin als gemochte, bestätigte, individuell in Freiheit aufwachsende Wesen, die nur Bestand haben können in einer Güte, die sie nicht verdienen, aber als Geschenk weitergeben.

Die Welt auf Gott hin betrachten

Betonen sollten wir zu diesem Fragepunkt abschließend vor allem, was wir eingangs gesagt haben: Alles Sprechen in Richtung Gott und alles Vernehmen von Gott her auf uns ist vermittelt durch symbolische Bilder, die wir nicht mit Begriffen verwechseln dürfen, so haben wir gesagt. Diese Symbole zu leben, eröffnet Erfahrungsorte des Göttlichen. Es sind Zeichen, die für viel mehr stehen als für das, was sie konkret anzeigen können. Sie bedeuten unendlich viel mehr als die kurzzeitigen, wechselnden Träger, an denen sie sichtbar werden. Dann kann, wie gesagt, ein so kleines Geschenk eines Fünf-Euro-Scheins für den Bettler, der mal ins Café gehen kann, das Symbol für eine Welt sein, wie sie eigentlich bestehen müsste; der andere kann beginnen zu glauben, dass er berechtigt ist, unter Menschen zu leben. Er ist nicht mehr verachtet. Er atmet etwas von dem Wind der Würde, die ihm zukommt. All das nur durch ein kleines Symbol. Wir sind mit ihm nicht zum Sozialamt gegangen. Und wir konnten nicht seine ganze Welt ändern. Aber wir konnten ein bisschen Glauben an sich selbst ihm vermitteln – durch eine kleine Geste.

All diese Dinge sind unendlich kostbar. Schon wie wir durch die Straßen gehen, macht etwas mit uns und mit anderen. Es kann sein, dass wir gehetzt, getrieben, brummig vor uns hin laufen, ohne nach links und rechts zu schauen, geradewegs auf das Ziel los. Es kann aber auch sein, wir schauen uns um. Dann ist das kleine Lächeln, mit dem wir jemanden angucken, das Huschen eines Schimmers Gottes in den Augen und dem Herzen eines anderen Menschen. – Nehmen wir ein anderes Beispiel. Hier im Hotel, in dem wir unser Gespräch führen, sind lauter unterbezahlte, schon von außen als Migranten erkennbare Hilfskräfte eingesetzt. Es ist ein gutes, ordentlich geführtes Hotel. Aber die Putzkräfte werden gehalten in kurzzeitiger Arbeit, um Leistung hervorzubringen. Die wird verrichtet, und dann war es das. Doch wenn wir, die wir gerade gut geschlafen haben in den Zimmern, die diese Dienstkräfte aufgeräumt haben, ihnen ein Stückchen Anerkennung geben, dann ist die farbige Bedienstete nicht nur die Putzfrau; sie ist nicht nur Teil von Onkel Toms Hütte. Wir nehmen uns sogar mal Zeit, sie zu fragen, wie es ihr geht oder wann ihr Feierabend beginnt. Auch das wäre so ein kleines Symbol, das sich vermittelt zwischen uns Menschen. Und immer würden die Wolken am Himmel auseinandergeschoben, und wir sähen etwas von Gott dahinter. So sind Symbole.

In der Kirchensprache heißen manche Symbole Sakramente. Das sind Zeichen, die wir mit einem Wort verbinden, um Gott zu vermitteln. Alles, was wir tun in der Religion, basiert auf solchen Symbolen. Schon dass wir sprechen können, basiert darauf, dass wir Bilder finden, die nie Begriffe werden, doch dafür Gefühle verdichten und uns eine Botschaft geben, die nicht in der Informatik untergeht, sondern in der Konzentration von Hoffnungen, Zielvorstellungen und Werterlebnissen eine göttliche Ansprechbarkeit erschließt. Wir wissen nicht, ob der *Homo erectus* vor einer Million Jahren sprechen konnte, doch der Neandertaler vor 250.000 Jahren schon. Höchstwahrscheinlich ist sein Spracherwerb identisch damit, dass er Religion entdeckt hat. Denn jetzt vermochte er zu sprechen von etwas, das nicht mehr dingfest zu machen ist, sondern nur noch als Wort sich mitteilt und als Zeichen sich offenbart. So war es wohl am Anfang des Menschseins. Da stand der Mond am Himmel als ein Bild für die Unsterblichkeit.

Und die Sterne in der Nacht leuchteten als Bilder der Hoffnung auf ein ewiges Leben. Und die Blumen, die kommen und gehen, bildeten Zeichen für die Unzerstörbarkeit des Lebens. Plötzlich wird die ganze Natur als Symbol zu einem Bild für Gott, der in ihr spricht. Doch das geschieht erst, wenn wir die Naturwissenschaften verlassen und beginnen, die Welt auf Gott hin zu betrachten. Dringlicher als die fünfte digitale „Revolution" der Künstlichen Intelligenz benötigen wir die Verteidigung und Vertiefung unserer natürlichen emotionalen Intelligenz. Algorithmen können uns in ökonomisierter Nutzanwendung die Welt immer mehr verschließen, ein einziges Gedicht aber vermag uns eine ganze Welt zu schenken und uns zu erschließen.

KAPITEL 11

Ausblick: Gott. Interkulturell, interreligiös

MARTIN FREYTAG: Bisher war aus naheliegenden Gründen von Gott die Rede, wie wir ihn zu verstehen suchen aus unserer jüdisch-christlichen Tradition heraus. Gott ist ein Menschheitsthema, oder er ist überhaupt kein Thema, schrieb einmal Johann Baptist Metz. Nun besteht die Menschheit bei Weitem nicht nur aus Juden und Christen. Und selbstverständlich ist im Religionsunterricht immer auch ein Thema der Islam, die dritte große monotheistische Weltreligion. Dann auch Hinduismus und Buddhismus. Der Frieden unter den Religionen als zentrale Bedingung für einen wahrhaften, dauerhaften Weltfrieden war eines der großen Anliegen von Hans Küng in seinem Projekt Weltethos. Inwiefern könnte ein Gottesdialog, wie man ihn nennen könnte, allgemeiner noch: ein Gespräch über das Göttliche – denn nicht alle Religionen haben ja einen personalen oder gar einen monotheistischen Gottesbegriff –, dem Frieden in der Welt wirklich dienlich sein?

EUGEN DREWERMANN: Dass Religion die Sprache ist, in der Gott in unserem Herzen zu allen Menschen redet, haben wir die ganze Zeit betont. Das bedeutet, dass wir Gott herauslösen müssen aus allen kulturellen, nationalen, parteipolitischen, wirtschaftlichen Verengungen und Einbindungen. Das ist insbesondere gegenüber der Bibel nicht gerade einfach. Denn der jüdische Gott behauptet, der einzige Gott zu sein und Israel als sein Volk erwählt zu haben. Wir haben in Kapitel 8 gesagt, im babylonischen Exil sei sogar der Anspruch aufgekommen, dass Gott, der jüdische Gott, der Gott seines Volkes, weil er der Einzige ist, gegen alle anderen Götter sich durchsetzen und seinem Volk Weltmacht verleihen werde. Diese Vorstellung steht so in der Bibel, doch wir müssen uns im Sinne Jesu und auch im Sinne einzelner Propheten, des Jeremia oder des Ezechiel zum Beispiel, daraus lösen. So kann es nicht gemeint sein. Es geht nicht um die Ausdehnung einer bestimmten Kultur als der einzig richtigen im Namen des eigenen Gottes gegen alle anderen Kulturen.

Das Projekt Weltethos und seine Begrenzung

Bei dem Begriff Weltethos ist so etwas gemeint wie die Universalisierung des Auftrags, den die UNO sich gegeben hat: Wir müssten tatsächlich mal dahin kommen, dass zumindest die moralischen Wertvorstellungen homogenisiert werden und als verbindlich für alle gelten. Eine solche Idee vertrat bereits Samuel Pufendorf (1632–1694) in seiner Naturrechtslehre. Heute freilich betreiben wir die Einheit der Menschheit mit kriegerischen Mitteln und erreichen natürlich das Gegenteil; jeder weiß zudem, dass unsere Empörungsmoral nur die Kaschierung handfester Macht- und Wirtschaftsinteressen darstellt. Da ist etwa die Befreiung der Frau. Dafür führen wir Krieg in Afghanistan. Oder: die Befreiung zur Demokratie. Deswegen bombardieren wir Bagdad. Wir schaffen für die Demokratie einen Mann, der als Diktator in Libyen regierte, auf monströse Weise ab und verwickeln das Land in einen Bürgerkrieg auf Jahrzehnte. Gleichwohl führen wir stets die richtigen Werte ins Feld. – Weltethos sollte als Erstes heißen, dass wir selbst auf alle Gewalt verzichten. Nur allein in der inneren Überzeugung bestimmter Werte wird die Menschheit zueinanderfinden. Das aber ist das Gegenteil der Zwangs-Homogenisierung, mit der wir derzeit unsere kapitalistische Weltordnung dem ganzen Rest der Erdbevölkerung aufzunötigen trachten, mit militärischen Parolen, mit wirtschaftlicher Erpressung.

Ein Hauptproblem besteht darin, dass das Projekt Weltethos an sich selber scheitern muss, wenn es sich nur als Ethos gibt. Die wirklich wesentliche Entdeckung im Neuen Testament ist mit Berufung auf Jesus diejenige des Apostels Paulus vor Damaskus im neunten Kapitel in der Apostelgeschichte, dass Menschen unbedingt Gnade brauchen. Man kann sie nicht strammstehen lassen in der Kontrolle ihres moralisch verfestigten Wissens und Willens, in einer Pflichtdisziplin sich selber gegenüber und der Gemeinschaft gegenüber. Was Menschen brauchen, wovon wir die ganze Zeit reden, ist ein Ort, an dem man sie annimmt. Und nur aus einer Güte, die als unbedingt erfahrbar ist, können Menschen lernen, selber gut zu werden. Nur da wachsen sie zu sich zusammen, indem sie die Spannungen untereinander einigermaßen ertragen. Menschen brauchen nicht eine neue Moral, kein besseres Ethos; sie brauchen eine Güte, die absolut gilt.

Das universelle Projekt des Paulus mit Bezug auf Jesus

Das eben ist die Entdeckung des Paulus mit Bezug auf Jesus: Die Botschaft Jesu ist zu klein verstanden, wenn man sie nur nimmt als das Reformprogramm einer spätjüdischen Sekte. Was Jesus wollte mit seiner Güte, war gewiss begrenzt in seiner unmittelbaren Wirkung auf den engen Kreis Judäas und Galiläas, den Jesus bewusst nie verlassen wollte. Aber er wollte das Judentum auf diese Weise umformen, gewissermaßen zu einer programmatischen Modellgesellschaft von morgen, auf dass Juden so lernten zu leben, dass sie ein Segen für die Völker würden (Genesis 12,3) und der Zionsberg ein Leuchtturm für die Nicht-Juden, für die Heiden, für die „Gojim", sodass sie wallfahren würden in der Nacht zu ihrer Erleuchtung (Jesaja 2,3). Dann wäre alles geschehen, was Gott wollte. Es wäre eben nicht die Ausdehnung des Nationalstolzes. Es wäre die Bewahrheitung des Glaubens an den Gott der Väter, wie er einmal gemeint war und wie er Jeremia als der Neue Bund erschien, der in der Güte Jesu lebendig wurde.

Das nun will Paulus machen: Die Botschaft der Gnade, die jeder Mensch braucht, um ein Mensch zu werden und zu bleiben, richtet er an alle, primär an die Juden; wenn aber Israel es nicht akzeptiert, gilt das gleichwohl für alle: für Juden immer noch, doch für Nicht-Juden genauso. Deshalb wird Paulus nicht müde, zu all den Völkern zu gehen und ihnen zu sagen: Das hat Jesus euch gebracht – eine Form von Menschsein, die euch eure Freiheit wieder schenkt in Güte; die euch glauben lässt an ein ewiges Leben, das unzerstörbar ist; die euch eine Hoffnung gibt, die durch den Tod in keiner Weise widerlegt wird; die euch beschwört, eine Verbundenheit hier auf Erden schon untereinander zu leben, die in alle Ewigkeit Bestand hat. Wir nennen es den Himmel: eine Verständigung des Glücks, von der niemand mehr ausgeschlossen wird. Davon müssen wir reden, das müssen wir leben, überall. So das Projekt des Paulus.

Gleichzeitig hat er gewusst, dass man die Botschaft Jesu aus ihren jüdischen kulturellen Klammerbedingungen entfernen muss. Es ist aussichtslos, die bedingungslose Güte Gottes den Menschen zu bringen, wenn sie überhaupt nur zustande kommt, indem alle Jungen mit sieben Tagen beschnitten werden. Oder indem wir bestimmte Speisegesetze einhalten, die uns verbieten, dies und das zu essen, weil es nicht koscher ist; oder indem es Ritualgesetze gibt, die bestimmen, wie wir Nahrung zu uns nehmen sollen oder was man am Sabbat machen und was man nicht machen darf. All das belastet die Menschen nur und stellt sich Gott in den Weg. Aus dieser jüdischen Kulturtradition muss man Gott befreien, damit er allen Menschen gehört.

So wird das gemeint sein, wenn es im 28. Kapitel bei Matthäus heißt: „Geht hin, bringt die Worte des auferstandenen Jesus zu allen Völkern und lehret sie alles halten, was ich euch gesagt habe"

(Mt 28,19–20). Das ist der Austritt aus den gegebenen Bedingungen, die bis dahin kulturell vorlagen, um Gott kultisch, gemeinschaftlich, rituell, gesetzlich in klare Begriffe zu pressen und zu verehren. Sich daraus zu lösen und den Kern, das Wesentliche, die unbedingte Güte Gottes allen zu schenken, ist der Aufbruch, der mit Paulus und dann mit der ganzen Urkirche geschieht. Wäre das Christentum stehengeblieben bei dem Bruder Jesu, bei Jakobus in Jerusalem, wäre die Vorstellung gewesen: Wir beten jetzt, und wir bleiben uns treu, wir halten alle Gebote Gottes und erwarten getrost den Weltuntergang. Der kam in gewissem Sinne für das Judentum des dritten Tempels schon im Jahre 70, als Jerusalem durch die Truppen des Generals Titus in Flammen aufging. Wäre es dabei geblieben, hätten wir von Jesus nie etwas gehört. Es liegt an Leuten wie Paulus oder an Stephanus, an sogenannten Heidenchristen, an Hellenisten, die sagten: Jesus ist unendlich viel mehr, und wir müssen seine Botschaft herauslösen aus den engen Bedingungen ihrer Entstehung. Wir dürfen nicht unter dem Baum sitzen bleiben; wir müssen den Zweigen folgen, die sich über alle Zäune strecken. Das ist Aufbruch.

Aufbruch für das Christentum auch unserer Zeit: Von Begriffen und Dogmen zu Bildern und Symbolen

Das Gleiche gilt nun für das Christentum in unserer Zeit genauso. Immer noch glauben wir, dass wir die „Heiden" bekehren können, indem wir sie zu Christen unserer Kultur machen. Oder noch schöner: zu katholischen Christen, im Unterschied zu den protestantischen, und unter den Katholiken zu Orthodoxen und Altkatholiken. Endlose Spaltungen sind das, welche die Menschen beim Sprechen von Gott nur verwirren, aber auftreten mit dem Besitzanspruch des ganz bestimmt Richtigen. Wäre dies so, müssten wir uns nur so und so verhalten, wie es in dem jeweiligen Umraum sozial tradiert und gewünscht wird, dann kann es nicht falsch werden. Es ist aber schon alles falsch, weil es das Absolute, das Göttliche, verengt auf die zeitlichen Voraussetzungen seiner Bewusstwerdung. Also müssen wir von Gott so reden, dass es jeder verstehen kann.

All die Zeit über haben wir beklagt, dass die christliche Theologie die Botschaft Jesu in ein System von Dogmen verwandelt hat, in rational zu denkende Begriffe, in Festschreibungen, wie man Glauben zum Wissen erhebt, unter der Formel, die wir auch gebraucht haben: Der Glaube sucht die geistige Einsicht. Als wären wir verpflichtet, von den Symbolen in ihrer dichterischen Sprache zu den Ausformulierungen der Dogmen zu kommen, statt umgekehrt zu sagen: Alle Dogmen sind im besten Fall Symbole, die wir in ihrem Sinngehalt verstehen sollten nach der Art, wie ein Dichter redet oder ein Musiker spielt oder ein Maler Bilder zeichnet. Auf der Ebene der Symbole sind wir vollkommen frei. Bei den Dogmen sind wir absolut unfrei. Der Unterschied ist total.

Wenn Sie es mit Dogmen zu tun haben, wenn Sie Theologen an ein Wort Gottes ranlassen, setzen Sie Ihre Vernunft ein, Ihren Intellekt – um des Glaubens willen, der sich dahin suchend bewegen soll, dass man endlich versteht. Aber: Solange Sie rational vorgehen, gilt der Satz des ausgeschlossenen Dritten, entsprechend der Aristotelischen Logik: A ist gleich A und nicht gleich B. Ein anderes kann es nicht geben. Deshalb müssen die Begriffe immer enger werden, präziser werden, genauer werden, und das geht nur, wenn man im Begriff schon alle anderen Denkmöglichkeiten ausschließt. So ist die ganze Dogmatik in der Kirchengeschichte von 2.000 Jahren immer enger geworden. Es wurde immer mehr ausgeschlossen. Jedes Dogma auf jedem Konzil schloss andere Denkmöglichkeiten als unmöglich aus, um bestimmter Nuancen, ja um bestimmter Buchstaben willen. Permanent wurde da Gewalt geübt in Gottes Namen. Und Gewalt gerechtfertigt zur Durchsetzung bestimmter lokaler Traditionen. Da stand Antiochien gegen Alexandrien zum Beispiel, die Ostkirche gegen die Westkirche, die Athanasianer gegen die Arianer – diese Streitigkeiten sind im dritten und vierten Jahrhundert schon in vollem Gange. Und es geht bis in die Gegenwart so weiter.

Was wäre demgegenüber, wir lernten von dem Mann aus Nazaret einmal, den Glauben so zu verkünden, wie er selbst es gemacht hat? Jesus hat uns nicht neue Gottesbegriffe gelehrt, er hat uns keine neue Dogmatik ausgehändigt oder ein neues Gesetzbuch vorgeschlagen; er hat in Bildern gesprochen von Gott: Eine Frau, die Brot backt und Sauerteig hineinknetet, ist ein Bild für Gott (Matthäus 13,33). Eine Frau, die eine Drachme verliert und in der dunklen Stube, die kein Licht hat, mit dem Palmwedel sie suchen will, damit sie von ihrem Mann nicht ausgeschimpft wird, zeigt etwas von Gott (Lukas 15,8–10). Ein kleines Senfkorn, das hoch aufwächst, ist ein Bild für die Gottesherrschaft (Matthäus 13,31–32). Ein Hirte, der sein Schaf sucht, offenbart Jesus, wie wir mit Menschen umgehen sollten, die sich verloren haben. Das alles sind Bilder, die jeder versteht. Die Umgebung des einfachen Hauses jener Frau, in dem das Gleichnis spielt, ist Gott sei Dank mehr oder minder im Nahen Osten vergangen. Aber was gemeint ist, verstehen wir unbedingt, es vergeht nie. – Und so bei all den Geschichten. Jesus erzählt sie kulturell bedingt, aber nach der Weise eines Dichters, indem er etwas aufzeigt, das unmittelbar, weil es ein Bild ist und kein Dogma, ein Symbol und kein Begriff, das Herz eines jeden berührt. Und es ist absolut gewaltfrei. Symbolisches Denken ist aspekthaft; das heißt, es kann Unterschiede wahrnehmen und als komplementär stehen lassen, wie wenn jemand Fotos macht von einer Stadt wie Berlin oder Köln; dann gibt es viele Bilder, und all die Bilder sind nützlich, weil sie das Gleiche von verschiedenen Seiten, in verschiedener Beleuchtung, in verschiedenen Zusammenhängen betrachten lassen. Die Bilder ergänzen einander und komplettieren einander. Ganz anders die perspektivische Sicht, wie sie in einer rationalen Beschreibung vorliegt. Da gilt nur eine einzige Sichtweise. Alle anderen ergänzen sich nicht, sondern sie sind auszuschalten als falsch; sie müssen bekämpft werden.

Eine neue Sprache für den Dialog mit anderen Religionen

Vor diesem Problem steht die heute noch christlich sich gebende Theologie im Dialog mit den anderen Religionen. Redeten wir von Gott wie die Dichter, könnten wir so sprechen, dass es jeder so leicht versteht wie die Gleichnisse Jesu. Sprächen wir wie die Maler, würde jeder uns verstehen. Jemand sieht die Bilder von Edvard Munch (1863–1944), und er weiß sogleich, was Einsamkeit ist, was Trauer, was Tod, was Leidenschaft, was Sexualität. Er versteht das ganze menschliche Leben, freilich als eines Unerlösten. Wer die Bilder in den Gleichnissen Jesu vor sich sieht, versteht das menschliche Leben in einer Sinnesverwandlung durch Vertrauen statt durch Angst. – Sprächen wir die Sprache der Musiker, vernähmen wir das fünfte Evangelium in der Sprache Johann Sebastian Bachs (1685–1750). Albert Schweitzer (1875–1965) meinte von ihr, das sei Religion in Musik, und so kann man sie um die ganze Erde hören und verstehen. Oder wir hören Ludwig van Beethovens (1770–1827) neunte Sinfonie, und wir empfinden etwas, das durch die ganze Welt geht: Freude. Freiheit und Gemeinsamkeit. Das kündet Gott. Und wir könnten ihn am besten so erahnen, dass die Grenzen sich aufheben durch das, was allgemein menschlich ist. Nur so dürften wir sprechen von Gott.

Die Botschaft des Korans

Dann treffen wir auf andere Kulturen, denen das gleiche Problem aufgetragen ist. Die Muslime scheinen uns heute im Nachlauf der Kolonialzeit wie Feinde zu sein. Aber wäre es nicht einmal möglich, wir hörten ihnen zu? Der Koran beginnt mit den Worten: „Im Namen Allahs, des Allbarmherzigen." Es ist eine Einladung, das Wesen Gottes als Güte zu verstehen. Und auch den Teufel, von dem wir vorhin gesprochen haben, erklärt der Koran in Sure 7,12–17, ganz so, dass es wie eine Warnung an alle ist, die nur eine „reine" Welt hinnehmen wollen: Der größte der Engel, wird da erzählt, wollte nicht dienstbar sein den unvollkommenen Menschen; das Schwache nicht zu akzeptieren, sondern zu verachten, ist eine teuflische Versuchung gerade für die Bestgesinnten. So sanft spricht der Koran.

Ich bin vor vielen Jahren einmal einem türkischen Autohändler in Anatolien begegnet. Ich war bei Mersin herumgetrampt, und er hat mich mitgenommen. Zwei Nächte lang haben wir gesprochen über Religion. Ich war damals noch Theologiestudent, und dies waren für mich die lehrhaftesten Stunden, die ich je erlebt habe. Er erzählte mir: „Ihr glaubt immer, das Christentum sei von Christus, einem Juden, gekommen. So ist das aber nicht. Woran ihr wirklich glaubt, ist zum wenigsten von Jesus. Was ihr eure Christologie nennt mit der Gottessohnschaft, ist hier in der Türkei gewachsen. Hethiter waren da, Griechen waren da, Ägypter waren weiter südlich da, und all ihre religiösen Vorstellungen sind zusammengeflossen im Mittelmeerraum. Daraus habt ihr das Christentum gemacht. Es enthält eine Menge von Bildern, von Symbolen, von Dogmen, mit denen ihr Christus erklärt. Jesus selbst aber hat so nie gedacht, wie ihr das tut in eurer Dogmatik. Eure Bilder mögen an sich ganz in Ordnung sein, aber ich bezweifle, dass Jesus sich als Mitglied einer dreifaltigen Gottheit betrachtet hätte. Wo steht so etwas im Neuen Testament? Das habt ihr euch so erklärt, nachdem ihr ihn zum Gottmenschen habt aufsteigen lassen, aber an dem biblischen Monotheismus festhalten musstet. Ihr habt Maria zur Mutter Gottes erklärt. Eine solche Gottesmutter oder Muttergottheit wurde in Ephesus verehrt, längst bevor es euch gab.

Morgen nehme ich dich mit nach Karatepe. Da zeige ich dir, wie im achten Jahrhundert vor Christus in den letzten Ausläufern die Hethiter ihre große Mutter dargestellt haben. Alles in euren Lehren hat einen langen, langen Strom der Religionsgeschichte zur Vorbereitung. Den müsstet ihr integrieren. Und dann würdet ihr verstehen, was Mohammed meinte. All die Bilder sind so viel wie die hundert Namen Allahs. Wir Menschen brauchen die hundert Namen Allahs, um überhaupt von ihm zu sprechen. Aber kein Name ist Gott wirklich. Auch all eure Dogmen sind nur Bilder von Gott, und ihr dürft sie nicht mit Gott identisch setzen. Heißt es nicht: Macht euch kein Schnitzbild von Gott (Exodus 20,4)? Geistig sind alle eure Dogmen Schnitzbilder von Gott, und Mohammed wollte sie beseitigen. Er wollte, dass Gott als er selber wieder sichtbar wird in den Herzen der Menschen. Das ist das Ende aller religiösen Rechthaberei. – Der Islam übrigens hat sich verbreitet, weil er die Probleme mit der Dreifaltigkeit so nicht hatte. Die Muslime hatten einen ganz einfachen Gott, den jeder begreifen konnte. Auch einen vernünftigen Gott, ohne all die Verwirrspiele der Theologen. Durch seine Einfachheit hat er sich durchgesetzt. Er hatte auch nicht euren Kultzwang. Es war Saladin (1137–1193), der euch erlaubt hat, unter islamischer Herrschaft nach Jerusalem zu kommen, ohne Krieg. Saladin hat eine Kulttaxe eingeführt, wie das üblich ist. Er hat Steuern eingenommen. Aber ansonsten durftet ihr euren Glauben leben unter uns Muslimen, sogar in Jerusalem. Bei den Kreuzrittern war das ganz anders. 1099 haben Christen alles umgebracht, was nicht sie selber waren. Wie wäre es, wir lernten miteinander, alle Bilder von Gott als Bilder zu begreifen, die uns nicht auseinanderbringen, sondern zusammenführen? Das, woran die Menschen glauben, ist überall dasselbe. Nur die Dogmen trennen sie."

Diesem Türken habe ich vor schon sechs Jahrzehnten geradezu geschworen, nie anders von Gott zu reden, als dass er es verstehen und gutheißen würde. Was Mohammed wollte, war ein Reformprogramm für dogmatisch und kultisch versteinerte Christen, mit dem Angebot einer Mystik, die sich öffnet. Und immer wieder sagt er im Koran sinngemäß: „Ich bringe gar keine neue Religion, ich bringe die Religion, an die bereits Noach in den Tagen der Sintflut geglaubt hat, Abraham bei seiner Berufung, Mose auf dem Sinai, Jesus in Galiläa. Gott kann doch überhaupt gar keine neue Religion verkünden, weil er immer derselbe ist. Er kann nur allen Menschen zu allen Zeiten immer dasselbe sagen, in der Sprache, die sie gerade brauchen. Ich,

Mohammed, im siebten Jahrhundert nach Christus in eurer Zählung, spreche von Gott auf Arabisch, auf dass die Menschen in Arabien es verstehen. Ihr sprecht in anderen Sprachen. Aber eigentlich sagen wir immer dasselbe. Das ist das Angebot einer Religion, wie alle Menschen sie brauchen. Wir glauben an das Ewige im Menschen selber im Vertrauen zu Gott." – Wenn der Islam so zu verstehen ist, was machen wir dann daraus, indem wir ihn dämonisieren, bloß weil wir uns weigern, ihn zu verstehen? Im Grunde nehmen wir seine kulturelle Entfremdung, seine koloniale Perversion, die wir ihm aufgezwungen haben, für seine Wahrheit. Doch damit vermehren wir nur die eigene Schuld.

Ohne Bedenken wäre es bis dahin möglich, die Bücher der drei monotheistischen Religionen: die Hebräische Bibel, das Neue Testament und den Koran, als eine Einheit zu begreifen. Recht verstanden wären alle drei Religionen ein und dieselbe. So zu denken, bedeutete zwar den Einsturz der etablierten Sonderwege, aber es wäre im Sinne Jesu, im Sinne Mohammeds und, man darf denken, auch im Sinne des Mannes, den man Mose nennt und der in den Augen Freuds vor dem Hintergrund ägyptischer Weisheit zu betrachten ist. Die drei monotheistischen Religionsformen bilden ein gemeinsames Menschheitsgut, das sich in diesen drei Strömen kanalisiert und organisiert hat, wobei das Christentum am meisten von den „Heiden" in sich aufgenommen hat.

Im Hinduismus der Reichtum menschlicher Erfahrung

Andere Religionen scheinen aufgrund ihrer Ausdehnung lokal begrenzt, meinen aber ebenfalls den Menschen. Die Hindus etwa haben als Religion ihres Kulturraums auf ihrem Subkontinent mit über 100 verschiedenen Sprachen, nicht nur Dialekten, als Einheitsklammer des Zusammenlebens den Glauben des Hinduismus, der in vielerlei Gestalten auftritt, doch stets nach einer Erlösung aus dem Kreis der Qualen, den diese Welt darstellt, unterwegs ist. Wie kann man so leben, dass man vom Anhaften an die Welt frei wird? Das wird dann auch die Erleuchtung des Buddha: Wie kann man aus der Welt heraustreten, indem man das Leid, welches dazugehört zu existieren, durch Weisheit überwindet? Von beiden, den Hindus wie den Buddhisten, könnten wir viel lernen.

Ich erinnere mich an einen Hindutempel in Kalkutta; als ich diesen betrat, war ein Hindu, der mich ein paar Tage begleitet hatte, an meiner Seite, und er sagte: „Du siehst, wie viele Kapellen und Seitenräume diese riesige Tempelanlage hat. Ihr Christen kommt da auch vor in einer relativ kleinen Seitenkapelle. Es ist nicht so, wie wenn wir nicht auch Christen wären. Wir sehen nur, dass Christus später als Krishna gekommen ist. Die ganze Evolution ist eine stufenweise Vorbereitung auf die göttliche Offenbarung, die wir mit Krishna, mit Vishnu verbinden. Und eine jede dieser Inkarnationen kann weitergehen; auch in Christus ist enthalten der gleiche Strom der lebendigen Erkenntnis." Diesen Zusammenhalt aller Religionen müssen wir bedenken.

Ich selbst habe zwei Erfahrungen gemacht, von denen ich als Christ eine Menge habe lernen können. In Benares, heute Varanasi, fließt der große Strom des Shiva, die Ganga, dahin wie ein großes Taufbecken, an dessen Ufern man lernt, den Tod zu überwinden: durch Wiedergeburt, durch ewiges Leben aus den Händen des Gottes. Aus dem Gott Shiva kommt für einen Hindu beides, das Entstehen und Vergehen, eingebunden in ein Feuerrad endloser Kreisläufe. Aber wie nun? Wir glauben auch und gerade als Christen an die Ewigkeit des Lebens. – In den Gassen von Benares finden Sie Menschen, vor einer kleinen Blechschale sitzend, sich auf das Sterben vorbereitend, an dem Ort, wo der Gott gegenwärtig ist. Wie oft kämpfen wir im Westen um ein langes Leben hier auf Erden, wollen ein Glück herauspressen aus der Endlichkeit dieser Welt, setzen alles daran, jetzt zu haben, zu machen, zu können, zu bekommen, und bringen sogar die Religion dabei um ihren Verstand, anstatt dass wir wenigstens weise wären und mit der einfachsten Tatsache zu leben lernen würden, dass wir sterblich sind, in Hoffnung auf eine Unsterblichkeit, die uns in Gott gegeben wäre. Plötzlich sind Hindus und Christen ganz nah beieinander. – Ich muss immer an die kleinen Weihwasserbecken christlicher Haushalte denken, die zumeist ausgetrocknet sind. Sie sind wie ein Bild davon, was daraus geworden ist, als der Indus sich so nach Westen verströmt hat, dass kaum etwas von ihm übrig geblieben ist. – Der Hinduismus ist, grob geschätzt, als Brahmanismus 1.500 Jahre älter als das Christentum. Er hat demgemäß viel mehr an menschlichen Erfahrungen gesammelt, die er uns geben kann, vor allem im Reichtum seiner Bilder, Symbole und Chiffren. In dieser Fülle könnte er dazu beitragen, dass unsere sehr verdünnte Form von Frömmigkeit sich zu einer vertieften Interpretation ihrer selbst zu klären verstünde.

Dialog mit dem Buddhismus über die Überwindung des Leids

Auch bei Buddha ist es in gewisser Weise ähnlich. Die große Weisheit des Buddha ist es, dass mit Gewalt die Welt verdirbt. Eines seiner Gebote ist das Ahimsa, das Nichtverletzen. Wie geht man mit leidensfähigen Geschöpfen um, sodass man jegliche Quälerei vermeidet oder zumindest nicht vermehrt?

Wie diese Lehre praktisch wird, habe ich bei 9/11 erlebt. Ich war in Italien, in Bari, und habe einen Tag danach, am 12. September 2001, abends die Nachrichten gesehen. Ich konnte nicht schlafen, und nachts um 3 Uhr interviewte eine amerikanische Reporterin den Dalai Lama. Die Antwort dieses tibetanischen Buddhisten war: „Was da passiert ist, ist eine große Chance für die Nichtgewalttätigkeit. A big chance for Non-Violence." Die Reporterin hat das nicht verstanden. Sie fragte immer wieder: „What for? Non-Violence? A chance?" Was der Dalai Lama meinte, war ganz offensichtlich: Wenn die nach ihrer Selbsteinschätzung einzig verbliebene Weltmacht nach dem Ende des Kalten Krieges auf die Herausforderung der Zerstörung der Twin Towers und den Angriff auf das Pentagon nicht mit einem Gegenschlag antworten würde, also mit Vergeltung, mit der Durchsetzung von noch mehr Gewalt und noch mehr Macht, um das Böse niederzuzwingen, sondern wenn sie in dem Geschehen eine Anfrage sähe und begreifen würde, wie entsetzlich Gewalt ist; wenn sie auf die Attentäter zugehen würde und fragte: „Warum? Was haben wir euch angetan, dass ihr uns derart hasst?", dann beträte die ganze menschliche Geschichte ein vollkommen neues Niveau. Es gäbe endlich eine Zukunft, in der wir dem Albtraum der blutbeschmierten Vergangenheit, in der wir uns, im Schlachthaus der Geschichte, immer noch aufhalten, entrinnen könnten. Wir hätten es lernen können an 9/11. Stattdessen lautete das erste Programm unter G.W. Bush und Dick Cheney: Globaler Kampf gegen den Terrorismus. Als Allererstes: Kampf in Afghanistan, wo man mit diesem Anschlag absolut gar nichts zu tun hatte. Die Taliban mögen denken, wie sie wollen; zu dem Anschlag in New York waren sie weder willens noch überhaupt imstande. Man hätte sie nur in Ruhe lassen müssen. Aber das ging nicht. Wir wollten weitermachen, so wie wir waren. Es ist ein Buddhist, der uns mit einem einzigen Gebot, dem Nichtverletzen, zeigt, wie anders wir miteinander umgehen könnten.

Christlich betrachtet ist der Buddhismus vielleicht zu eng darin, dass er sich wesentlich über das Leid definiert. Es ist das Leid an der Endlichkeit der Welt, die den Buddhismus beschäftigt, und er löst das Problem von Alter, Krankheit und Tod, indem er die Person, die daran leidet, aufzulösen sucht. An dieser Stelle ist der Weg des Christentums gerade umgekehrt: Es verstärkt die Person der Einzelnen im Vertrauen auf Gott gegen die Nichtigkeit in der Natur und überwindet die Angst durch die Liebe. Da ist etwas sehr Wesentliches, das vom Christentum nach Ostasien zu vermitteln wäre, in einem fruchtbaren wechselseitigen Dialog. Wir würden von den Asiaten Güte lernen, diese aber von uns ein Menschenbild, das kostbar und wertvoll wäre gegen die drohende Vermassung, die wir zum Beispiel derzeit im kommunistisch-zentralistisch regierten China antreffen. Die Menschen in China sind wirtschaftlich hoch erfolgreich, doch in ihnen ruft es, wie ich vermute, dringlich nach etwas, das da offenbar fehlt. Man hat in China die westliche Wirtschaft übernommen und führt sie erfolgreich weiter, inzwischen in Konkurrenz zu uns selbst; aber man ahmt damit einen Kapitalismus nach, der menschenverachtend ist. Die Wertschätzung der Person des Einzelnen: Wir müssten sie selbst zurückgewinnen, um sie glaubwürdig im ostasiatischen Kulturraum zu vermitteln.

Eine Religion für alle Menschen

Zur besten Verbindung könnten wir mit den Chinesen Laotse (4./3. Jh.v.Chr.) lesen. Der Geist des Tales. Der Geist des Weibes: „Das Wasser, das still steht, wird durchsichtig bis auf den Grund. Der Hohlraum zwischen den Wänden macht ein Haus bewohnbar. Der Hohlraum zwischen den Wandungen eines Kruges macht ihn zu einem Wassergefäß. Der Hohlraum zwischen den Speichen macht die Tüchtigkeit eines Rades aus. Wer stets auf Zehen gehen will, kann selten standhaft stehen. Wer ständig selber leuchten will, wird selber nicht erleuchtet. Wo Heere lagern, wächst die Wüste. Siege im Krieg sollte man als eine Trauerfeier begehen." Das alles steht im Tao Te King, 300 v.Chr. Und jetzt beinahe ganz christlich: „Wenn das Tao – das mag man mit Gott übersetzen oder mit Einheit, mit Sinnerfüllung, mit Wissen um die eigene Identität – verloren geht, dann kommen die Lehrer der Moral und sagen, wie man leben muss. Dann kommen die Gesetzeslehrer und sagen, was man tun muss, wenn die Gesetze nicht eingehalten werden. Dann kommt die Polizei und sagt, was man mit denen machen muss, die die Gesetze nicht eingehalten haben. Und die Menschen werden immer weiter das Tao verlieren." Setzen wir in diesen Worten statt Tao den Glauben an die Güte Gottes, können wir genau das auf Chinesisch, Deutsch oder in allen Sprachen der Menschheit sagen vom Tao, von Gott, von der Gnade, vom Glauben. Es ist nur eine Religion für alle Menschen, weil nur ein Gott ist und ein und dieselbe Bedürftigkeit in uns allen.

Bibelstellenverzeichnis

Das Alte Testament

Das Neue Testament

Gegen die Ausbeutung der Tiere

Eugen Drewermann
Über die Unsterblichkeit der Tiere
Über die Verwandtschaft allen Lebens
Zwei Essays

112 Seiten, 12 x 19 cm
Paperback
ISBN 978-3-8436-1379-8

Gedruckt im nachhaltigen cradle2cradle-Verfahren

Auch als eBook 978-3-8436-1423-8

Über die Unsterblichkeit der Tiere: Christliche Theologie führte zur Auffassung, Tiere seien nur vergängliche Nutzwesen zum Dienst der Menschen. Aber: »Der Himmel wäre kein Himmel ohne die Tiere. Wir gehören zusammen« (Eugen Drewermann).
Über die Verwandtschaft allen Lebens: Heute wirken Wirtschaft, Wissenschaft und Technik zusammen, Lebewesen in automatisierte Nahrungsmittelproduzenten umzuwandeln. Im Umgang mit Tieren nach den Vorgaben der Ersatz-Religion des Kapitalismus verlieren Menschen selbst an Menschlichkeit. »Nicht (nur) das Klima sollten wir retten, sondern uns selbst und die Lebewesen, deren Herkunft wir gemeinsam entstammen« (Eugen Drewermann).

PATMOS

www.verlagsgruppe-patmos.de

Für Jugendliche und andere Fragende

Eugen Drewermann / Martin Freytag
Das Geheimnis des Jesus von Nazareth
Eugen Drewermann antwortet
jungen Menschen

144 Seiten
Paperback
ISBN 978-3-8436-1080-3

»Wie müssen wir uns eine Kreuzigung vor 2000 Jahren vorstellen?«, »Ist die Bergpredigt nicht eine heillose Überforderung, einzuhalten allenfalls von ein paar Superfrommen?«, »Wenn Jesus heute die Kirche betrachten würde, was würde er ihr sagen?« – Die Fragen, die Eugen Drewermann in diesem Buch beantwortet, haben Schülerinnen und Schüler im Religionsunterricht gestellt.

Ihr Lehrer, Martin Freytag, hat die Fragen und Problemhorizonte der Jugendlichen gesammelt und den bekannten Autor stellvertretend für sie befragt. Von der Kindheit Jesu geht es über dessen Wirken bis zum Tod am Kreuz. So wird das Geheimnis des Jesus von Nazareth gelüftet – für Jugendliche ab der 10. Klasse.

PATMOS
www.patmos.de

Belebend und inspirierend

Eugen Drewermann
An der Quelle des Lebens
Worte mit Herz und Verstand
Ausgewählt und herausgegeben
von Heribert Körlings

144 Seiten
Hardcover mit Leseband
ISBN 978-3-8436-1247-0

»Wenn wir einen Menschen so anreden, dass wir die Tiefe seines Wesens berühren, so öffne er sich und wird für uns zu einem Weg, der ins Unendliche hinüberführt. Und wann immer wir selbst uns so angesprochen fühlen, dass unser eigenes Ich gemeint und getragen wird, so fühlen wir uns selbst verbunden mit dem Ursprung unseres Daseins, mit der Quelle des Lebens.«

Dieses Lesebuch versammelt leicht zugänglich einige der wichtigsten Gedanken und schönsten Texte aus Eugen Drewermanns unerschöpflichem Werk.

PATMOS
www.patmos.de